Special Thanks to

세상이 아무리 바쁘게 돌아가더라도
책까지 아무렇게나 빨리 만들 수는 없습니다.

길벗은 독자 여러분이
가장 쉽게, 가장 빨리 배울 수 있는 책을
한 권 한 권 정성을 다해 만들겠습니다.

독자의 1초를 아껴주는 정성을
만나보세요.

세상
쉬운

부모님을 위한

유튜브

무작정 따라하기

'욜디' 곽은지 지음

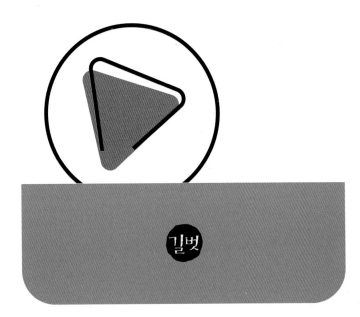

길벗

세상 쉬운

부모님을 위한
유튜브 무작정 따라하기

The Cakewalk Series-The Basics of YouTube for Seniors

초판 발행 · 2022년 10월 14일

지은이 · 곽은지
발행인 · 이종원
발행처 · ㈜도서출판 길벗
출판사 등록일 · 1990년 12월 24일
주소 · 서울시 마포구 월드컵로 10길 56(서교동)
대표 전화 · 02)332-0931 | **팩스** · 02)323-6766
홈페이지 · www.gilbut.co.kr | **이메일** · gilbut@gilbut.co.kr

기획 및 책임 편집 · 박슬기(sul3560@gilbut.co.kr), 연정모(yeon333718@gilbut.co.kr)
디자인 · 박상희 | **영업마케팅** · 전선하, 차명환, 박민영
제작 · 이준호, 손일순, 이진혁 | **영업관리** · 김명자 | **독자지원** · 윤정아, 최희창

전산편집 · 이도경 | **CTP 출력 및 인쇄** · 교보피앤비 | **제본** · 경문제책

ISBN 979-11-407-0164-3 03000
(길벗 도서번호 007151)

정가 18,000원

독자의 1초를 아껴주는 정성 길벗출판사

㈜도서출판 길벗 · IT단행본, IT교육서, 교양&실용서, 경제경영서
길벗스쿨 · 어린이학습, 어린이어학

페이스북 ▶ www.facebook.com/gilbutzigy
네이버 포스트 ▶ post.naver.com/gilbutzigy

저자의 말

우리 가족 중 유튜브 동영상을 가장 많이 보는 사람은 누구일까요?

20대, 또는 중고등학생인 아들딸일까요?
아닙니다.
국내 유튜브 앱 사용자 조사 결과 유튜브를 가장 많이 이용하는 세대는 바로 '50대 이상'이었습니다. 그렇다면 우리 부모님은 유튜브 앱을 잘 이용하고 계실까요?

"[구독]이나 [좋아요] 버튼을 누르면 돈을 내야 하나?"
"로그인을 해야 하는데... '계정'이 뭐지?"
"동영상이 갑자기 흐리게 보일 땐 어떻게 해야 하지?"

유튜브 동영상을 누구보다 많이 보면서도 활용에 어려움을 느끼는 경우가 많습니다. 부모님이 유튜브 앱을 이용하면서 불편함을 느끼거나, 궁금증을 가졌던 부분을 시원하게 해소할 수 있기를 바라는 마음에서 이 책을 집필했습니다. 특히 각 주제가 시작될 때 엄마와 딸이 나누는 대화는 부모님과의 실제 대화를 바탕으로 재구성했습니다.

더 나아가 동영상을 시청하다 보면 내 스마트폰에 있는 멋진 동영상도 유튜브에 올려보고 싶다는 생각이 듭니다. 하지만 유튜브 크리에이터가 되기 위해서 무엇을 준비해야 하는지, 어디서부터 시작해야 할지 너무 막막합니다.
유튜브에 익숙하지 않은 사람도 쉽게, 부담 없이 유튜브 크리에이터로 가는 첫걸음을 뗄 수 있도록 구성했습니다. 기초부터 차근차근 알려드릴 테니 걱정 마세요! 시청자가 아닌 '유튜브 크리에이터'로서 삶의 귀한 경험을 나눌 수 있도록 응원하겠습니다.

'부모님을 위한' 책을 집필하는 동안 오히려 부모님의 도움을 많이 받았습니다. 독자의 입장에서 의견 주신 덕분에 미처 생각하지 못했던 부분까지 꼼꼼히 채우며 부모님 세대의 눈높이에 꼭 맞는 책을 완성할 수 있었습니다. 이번에도 좋은 책을 집필할 수 있도록 도움 주신 길벗출판사의 담당 편집자님께도 감사의 인사를 전합니다. ☺

저자 곽은지 드림

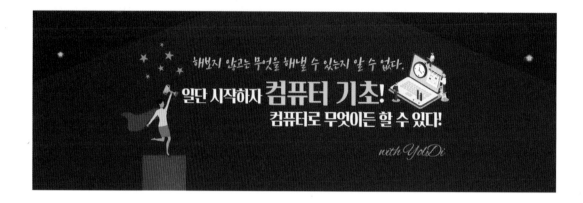

곽은지 | yoldigital-2020@naver.com

점점 가속화되는 디지털 사회에서 어려움을 겪는 부모님을 위해! 모두가 행복한 '디지털 세상'을 바라는 마음을 담아 유튜브 채널을 운영하고 있습니다.

컴퓨터, 인터넷, 스마트폰, 문서작성 프로그램(한글, 워드, 엑셀), 유튜브를 배우고 싶다면 누구나 환영합니다!

☑ 컴맹 탈출을 원하지만 어떻게 해야 할지 모르는 부모님
☑ 사랑하는 부모님에게 컴퓨터를 알려드리고 싶은 자녀
☑ 디지털 네이티브 자녀를 둔 학부모
☑ 컴맹 탈출이 간절한 모든 분들

저자와 소통할 수 있는 공간

유튜브	블로그	인스타그램
youtube.com/c/ 욜디컴퓨터인터넷기초강의	blog.naver.com/yoldigital-2020	instagram.com/yoldigital

책 200% 활용법

유튜브 초보 탈출! 어떻게 시작하는 것이 효과적일까요?

1 책을 넘기며 어떤 내용인지 살펴보세요!
처음에는 이해가 잘 되지 않아도 부담 갖지 말고 책을 가볍게 훑어보세요! "아~ 이런 기능이 있구나!"

2 책에 있는 QR코드를 찍어 동영상 강의를 시청합니다!
동영상 강의를 통해 따라하기 어려웠던 부분을 쉽게 이해할 수 있어요.

3 직접 실습해 봅시다!
책을 보면서 순서대로 차근차근 따라해 보세요.

4 유튜브와 친해지세요!
한 번에 많은 내용을 익히려고 애쓰는 것보다 부담 없이 즐겁게 다가가는 것이 좋습니다.

"멀게만 느껴지던 디지털 세상!

한 걸음씩 차근차근 따라하면 어렵지 않아요.

꼼꼼한 가정교사처럼, 친절한 친구처럼 옆에서 도와줄게요."

이렇게 활용하세요!

스마트폰 카메라로 비춰 보세요.

기초부터 차근차근 소개하는 『부모님을 위한 유튜브 무작정 따라하기』를 읽으며, 옆에서 알려주듯 친절하게 설명하는 욜디쌤의 영상 강의 까지 듣는다면 효과가 2배! 오른쪽 QR코드를 카메라로 비춰 보세요!
욜디쌤이 이 책을 효과적으로 활용하는 방법을 알려줍니다. 유튜브 실력을 쑥쑥 업그레이드해 봅시다.

책의 구성

이번 시간에 배울 내용을
미리 살펴봅니다.

QR코드를 통해 저자의 영상 강의를
바로 시청할 수 있습니다.

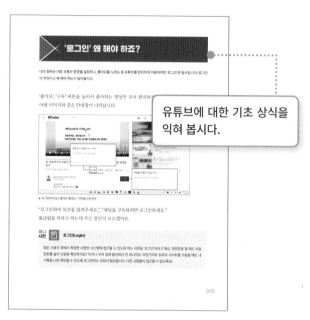

유튜브에 대한 기초 상식을
익혀 봅시다.

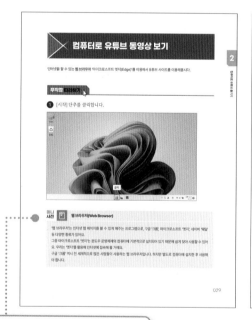

모르는 개념은 **미니 사전**을 통해
알아봅니다.

헷갈리는 내용을 **Q&A**로
콕콕 짚어줍니다.

무작정 따라하기에서는 실제로
따라해보며 실력을 쌓습니다.

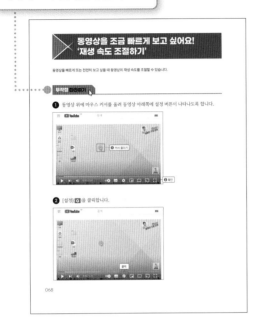

실수하기 쉬운 부분을 **Tip**으로
짚어줍니다.

QR 코드로 동영상 강의를 시청해 보세요.

책에 실린 **QR코드**를 통해 저자의 동영상 강의를 바로 시청할 수 있습니다.
율디쌤의 동영상 강의를 활용해 유튜브를 100% 활용하는 방법을 알아봅시다.

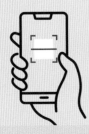

1 잘 이해되지 않는 부분이 있다
면 해당 섹션의 QR 코드를 찾
아보세요.

2 스마트폰 카메라를 실행하고
QR 코드를 비춰 보세요.

3 동영상 강의를 시청할 수 있
는 링크가 나타나면 화면을
터치 해 강의를 시청합니다.

목차

첫째 마당 | 가깝지만 먼 '유튜브' ─ ▷ ─

01 유튜브(YouTube)를 왜 볼까요?

02 유튜브로 새로운 삶을 꿈꾸고 추억을 기록하는 사람들

둘째 마당 | 컴퓨터로 유튜브 즐기기 ─ ▷ ─

03 컴퓨터로 유튜브 동영상 볼 수 있나요? - PC 유튜브

04 유튜브에 가입하면 돈을 내야 하나요? - 유튜브의 시작

05 유튜브 화면이 너무 복잡해요. 뭘 눌러야 하나요?

06 동영상을 크게! 선명하게! 볼 수 없나요? - 동영상 200% 즐기기

부록 실습 파일 사용법

책의 내용을 따라하고 싶은데 적당한 파일이나 폴더가 컴퓨터에 저장되어 있지 않다면, 길벗 홈페이지에서 부록을 다운로드해 보세요. 실습에 활용할 파일이 저장되어 있습니다.

1 길벗 홈페이지(www.gilbut.co.kr)접속해 검색 창에 '부모님을 위한 유튜브 무작정 따라하기'를 검색하세요.

2 해당 도서의 페이지에서 [자료실]을 클릭해 부록 실습 파일을 다운로드하세요.

3 부록 실습 파일의 압축을 해제해 실습에 바로 활용해 보세요.

여섯째 마당 | 채널 관리하기

13 내 채널의 동영상, 댓글 관리하기 '유튜브 스튜디오'

무엇이든 물어 보세요!

문의사항이 있을 경우 길벗 홈페이지의 [고객센터] - [1:1 문의] 게시판에 질문을 등록해 보세요.
길벗 독자지원센터에서 친절하게 답변해 드립니다.

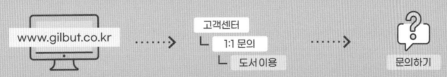

1 길벗 홈페이지(www.gilbut. co.kr) 회원가입 후 로그인합니다.

2 [고객센터] - [1:1 문의] 게시판에서 '도서 이용'을 클릭하고 책 제목을 검색합니다.

3 '문의하기'를 클릭해 새로운 질문을 등록합니다.

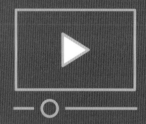

가깝지만 먼
'유튜브'

매일 우리의 눈과 귀를 즐겁게 해주는 유튜브! 스마트폰만 있다면 언제 어디서든 유튜브 동영상을 쉽게 즐길 수 있습니다. 재미있는 동영상을 보고, 좋아하는 가수의 음악을 듣는 등 동영상을 통해 희로애락을 느끼죠. 그런데 여러분, 'YouTube'가 무슨 뜻인지 궁금했던 적은 없나요? 자, 먼저 유튜브가 무엇인지 알아봅시다.

유튜브(YouTube)를
왜 볼까요?

 엄마~ 스마트폰으로 뭘 그렇게 재미있게 보고 계세요?

 유튜브에서 요리 동영상 보고 있어. 오늘 저녁 반찬을 고민 중이거든. 여기에 참고할 레시피가 많아서 자주 보고 있어.

 어? 그런데 왜 '구독'은 안 하셨어요?

 구독? 아… 구독 누르면 돈 내야 하잖아.

 아니에요. 유튜브 '구독'은 무료예요. 채널을 구독한다고 해서 비용을 지불할 필요 없어요.

 그래? 구독료를 내야 할 것 같아서 안 누르고 있었는데 당장 눌러야겠다! 그럼 '좋아요'도 막 눌러도 돼? 동영상이 정말 유용해서 '좋아요'를 눌러주고 싶은데...

 좋아요'도 무료예요. '구독', '좋아요' 버튼 마구 누르셔도 돼요.

 그래? 지금 눌러야지! 유튜브를 자주 이용하긴 하는데 활용 방법은 잘 몰라서 매번 동영상을 보기만 했어.

 유튜브에 있는 모든 동영상은 무료로 시청할 수 있지만 유료인 서비스도 있어요. 어떤 서비스가 무료인지, 유료인지 정확하게 알려드릴게요.

 그럼 안심하고 유튜브 이용할 수 있을 것 같아. 얼른 알려줘~

유튜브(YouTube)? 동영상 보는 곳!

유튜브가 뭘까요? 대부분 '재밌고 유용한 동영상을 많이 볼 수 있는 곳'이라고 알고 있을 거예요. 맞습니다. 유튜브는 누구나 동영상을 자유롭게 올리고 시청할 수 있는 세계 최대 규모의 무료 동영상 공유 플랫폼 서비스입니다.

✔ 유튜브(YouTube) = 당신을 위한 텔레비전

평소 유튜브를 통해 다양한 동영상을 보고 있을 거예요. 그런데 '유튜브'가 무슨 뜻인지 궁금했던 적은 없나요?

You (유)	Tube (튜브)
너, 당신	텔레비전

'YouTube'는 '당신'을 뜻하는 'You'와 '텔레비전'을 의미하는 'Tube'의 합성어입니다. 유튜브 아이콘을 자세히 살펴보면 끝부분이 둥근 사각형 모양인 것을 확인할 수 있지요? 예전 텔레비전에 사용되었던 브라운관의 특징을 반영한 디자인입니다.

✔ 유튜브 '무료'일까요? '유료'일까요?

유튜브를 재미있게 보다가도 걱정될 때가 있습니다.
'구독 누르면 신문을 구독할 때처럼 돈을 내야 하는 거 아냐?'
'집밖에서 동영상을 보면 휴대전화 요금 폭탄 맞는다던데?'

미니 사전 **플랫폼(platform)**

플랫폼은 원래 '기차나 버스 등을 타고 내리는 승강장'이라는 뜻입니다. 현재는 의미가 확대되어 '어떤 장치나 시스템 등을 구성하는 기초 틀 또는 골격'을 이르는 말로 쓰여요. 쉽게 말해 비슷한 목적을 가진 사람들이 모인 온라인 공간이라고 생각하면 된답니다. 여러 사람이 동영상을 올리고, 다른 사람이 올린 동영상을 볼 수 있는 '유튜브'는 동영상 공유 플랫폼이랍니다.

기본적으로 유튜브에 있는 모든 동영상은 '무료'로 시청할 수 있습니다. 회원 가입이나 '구독'할 때도 비용이 들지 않죠. 하지만 유튜브에서 유료로 제공하는 서비스도 있으니 하나하나 알아봅시다.

① 유튜브 프리미엄(YouTube Premium)

'유튜브 프리미엄'은 매달 결제하는 유료 서비스로, 여기에 가입한 사용자들은 몇 가지 기능을 추가로 이용할 수 있습니다. '유튜브 프리미엄'의 가장 큰 장점은 동영상을 볼 때 '광고'가 나타나지 않는다는 것입니다.

유튜브의 동영상에는 광고가 포함되어 있습니다. 광고를 보아야 동영상이 시작되기도 하고, 동영상의 중간이나 끝에 등장하기도 합니다. 동영상 재생 중에 광고가 나오면 동영상을 시청하는 데 방해가 됩니다. 하지만 유튜브 프리미엄을 이용하면 광고 없이 동영상을 볼 수 있습니다.

이외에도 유튜브 프리미엄을 결제하면 다음과 같은 기능을 이용할 수 있습니다.

- **백그라운드 재생** : 휴대전화 화면이 꺼진 상태에서도 동영상이 재생됩니다.
- **YouTube Music** : 오디오 모드를 사용하여 동영상 없이 음악을 감상할 수 있습니다.
- **오프라인으로 동영상 시청** : 동영상과 재생목록을 휴대기기에 저장하여 인터넷에 연결되어 있지 않은 상황에서도 시청할 수 있습니다. 비행기 안이나 출퇴근 길에 유용합니다.

유튜브에서는 '유튜브 프리미엄' 기능을 경험해 볼 수 있도록 1개월 무료 체험을 제공합니다. 아래 과정을 따라해 유튜브 프리미엄 기능을 체험해 봅시다.

> **Tip** | 1개월의 무료 체험 기간이 지나면 자동으로 유료 결제되니 주의하세요! 체험판이 종료되기 7일 전 알림이 오므로 결제를 원하지 않는다면 이용을 취소해야 합니다.

무작정 따라하기

① 스마트폰에서 유튜브 앱을 실행하고 오른쪽 위의 [프로필 사진] 또는 [이름]을 터치합니다.

> **Tip** | 프로필 사진을 등록해 두었다면 사진으로, 그렇지 않다면 이름으로 표시됩니다.

미니 사전   📖   터치(누르기)

화면을 가볍고 짧게 눌렀다 떼는 스마트폰 조작 방법입니다.

② 메뉴가 나타나면 [YouTube Premium 가입]을 터치합니다.

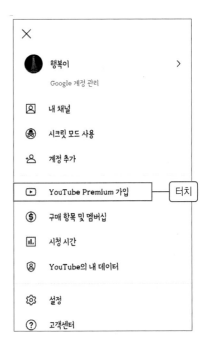

3 [무료 체험하기]를 터치합니다.

> **Tip** | 삼성 갤럭시 휴대기기를 사용하면 4개월 동안 무료로 이용할 수 있습니다. 체험 기간은 수시로 변경될 수 있으므로 가입 전에 꼭 확인해 주세요.

2 채널 멤버십

채널에 따라 '구독' 외에도 '멤버십'에 가입할 수 있습니다. 유튜브 채널의 '멤버십'이란 원하는 채널에 일정한 비용을 지불하고 해당 채널에서 지원하는 혜택을 누리는 기능입니다.

[구독] 버튼 옆 [가입]을 터치하면 채널 멤버십 회원에게 제공되는 혜택을 확인할 수 있습니다. 멤버십에 가입하고 싶다면 [가입]을 터치하세요.

3 Super Thanks 구매

동영상 아래 [Thanks] 버튼을 터치해 동영상을 제작한 유튜버를 후원할 수 있습니다. 원하는 금액을 선택해 후원한 후 댓글을 작성할 수 있습니다.

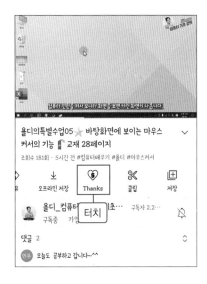

4 영화 구매 또는 대여

유튜브에서 제공하는 수천 편의 영화를 구매하거나 대여할 수 있습니다. 영화제 수상작과 시대를 초월한 고전 영화, 최신 개봉작 등 다양한 작품이 있답니다. 메인 화면의 [탐색]을 터치하고 [영화]를 선택해 시청하고 싶은 작품을 골라 보세요.

> - **구매** : 영구적으로 시청 가능합니다.
> - **대여** : 30일 이내에 시청을 시작해야 하며 대여 기간이 종료되기 전까지 원하는 만큼 여러 번 볼 수 있습니다.

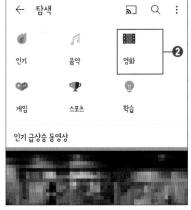

스마트폰으로 유튜브 동영상을 시청할 때 왜 집에서는 '무료' 그 외 장소에서는 '유료'인가요?

스마트폰이 와이파이에 연결되어 있다면 어디서든 '무료'로 동영상을 볼 수 있어요. 그런데 왜 집밖에서 동영상을 볼 때 휴대전화 요금 폭탄에 주의하라고 하는 걸까요? 대부분 집에서는 와이파이가 자동으로 연결되지만 다른 장소에서는 일일이 연결해야 하기 때문입니다.

와이파이를 연결하지 않고 동영상을 오래 시청하면 기본 제공 데이터가 초과되기도 합니다. 그러면 요금제에 따라 휴대전화 요금이 추가될 수 있어요. 동영상을 볼 때는 데이터가 많이 소모되므로 주의가 필요해요.

따라서 동영상을 재생하기 전에 스마트폰이 '와이파이'에 연결되어 있는지 꼭! 확인해야 합니다. 스마트폰으로 와이파이를 연결하는 방법을 쉽게 알아봅시다.

무작정 따라하기

❶ 스마트폰이 와이파이에 연결되어 있는지 확인해 보겠습니다. 스마트폰 상단을 쓸어내리고 [와이파이] 버튼을 꾹 누릅니다.

> **Tip** | 이때 와이파이 버튼을 1초 이상 꾹 눌러야 합니다

② 와이파이가 [사용 안 함] 상태라면 오른쪽 버튼을 눌러 [사용 중]으로 변경하세요. '현재 네트워크'에 네트워크 이름이 나타난다면 와이파이에 연결되어 있는 것입니다 .연결된 와이 파이를 확인할 수 있습니다.

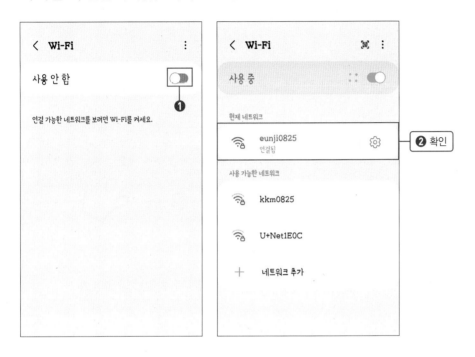

③ 연결된 와이파이가 없다면 사용 가능한 네트워크 중 하나를 선택하여 연결할 수 있습니다.

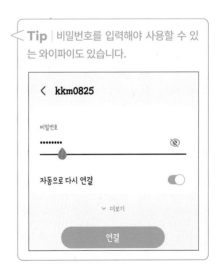

유튜브로 새로운 삶을 꿈꾸고
추억을 기록하는 사람들

 이제 '구독' 많이 누르셨어요?

 당연하지! 구독 눌러도 돈도 안 드는데 내가 좋아하는 채널은 모두 구독 눌러놨지! 이거 봐!

 와~ 엄청 많은데요?

 당연하지! 요즘에는 내 또래인 유튜버도 많더라. 관심사가 비슷하다 보니 공감되는 동영상도 많아서 보다 보면 시간 가는 줄 모르겠어.

 엄마 세대는 유튜브 동영상을 보기만 하는 줄 알았는데 유튜버로 활동하시는 분들도 정말 많네요?

 젊은 세대랑 똑같이 먹방, 패션, 요리, 브이로그 등 주제도 다양해! 재미도 있고 알찬 정보도 많이 알려줘.

 그럼 엄마가 자주 보시는 시니어 크리에이터 채널을 추천해 주세요! 어떤 동영상을 올리시는지 궁금해요.

 알았어. 댓글 창에 젊은 사람들도 많던데! 너도 한 번 보면 바로~ 구독 누르게 될걸?

유튜브도 이제 우리의 활동 무대!

유튜브를 가장 많이 사용하는 세대는 바로 50대 이상 시니어! 시니어들이 유튜브를 어떻게 즐기는지, 유튜브 세상에서 얼마나 활발하게 왈약하고 있는지 알아봅시다.

✔ 유튜브, 누가누가 보나?

유튜브에서 가장 많은 시간을 보내는 세대는 누구일까요? 10대나 20대라고 생각하기 쉽지만 바로 50대 이상의 시니어들입니다. 2021년 1월, 앱 분석 서비스인 와이즈앱에서 유튜브 이용자 4,041만 명을 조사한 결과, 50대 이상의 사용자가 28.7%를 차지했습니다.

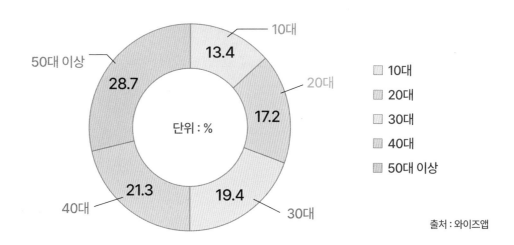

출처 : 와이즈앱

사회적 거리두기로 인해 오프라인 활동에 제약이 생기면서 유튜브는 우리 일상에서 더 큰 영역을 차지하게 되었습니다. 많은 사람들이 언제, 어디서든 동영상을 시청하며 필요한 정보를 얻고, 여가 시간을 즐겁게 보내고 있습니다. 특히 중장년층 유튜브 이용자가 증가함에 따라 정치, 트로트 등 50대 이상이 선호하는 콘텐츠가 많이 늘어났습니다.

유튜브 플랫폼을 이용하는 사람은 크게 '동영상을 시청하는 사람'과 '동영상을 업로드 하는 사람'으로 나눌 수 있습니다. 몇 년 전까지만 해도 중장년층은 동영상을 일방적으로 시청하는 경우가 대부분이었지만 이제는 자신이 관심 있는 주제의 동영상을 제작하는 사람들도 많이 늘어났습니다. 시니어 세대가 유튜브 콘텐츠의 소비자에서 적극적인 생산자로 변화한 것이죠.

인생 2막을 즐기는 시니어 유튜브 크리에이터

유튜브를 통해 새로운 삶의 즐거움과 추억을 동영상으로 기록하는 시니어 유튜브 크리에이터 채널을 소개합니다.

1 박막례 할머니(Korea_Grandma)

'박막례 할머니(Korea_Grandma)'는 2022년 5월 기준 약 136만 명의 구독자를 보유한 대표적인 시니어 유튜브 채널입니다. 평생 일만 하던 할머니가 치매 위험 진단을 받자, 손녀는 할머니와 함께 호주로 여행을 떠났습니다. 많은 추억을 쌓고 간직하기 위해 동영상을 업로드하기 시작해 '실버 크리에이터'의 전성시대를 열었습니다.

요리, 메이크업, 브이로그 등 다양한 콘텐츠를 업로드하며, 구수하고 유쾌한 입담으로 웃음을 주고 있습니다. 특히 새로운 것에 두려움 없이 도전하는 모습으로 중장년층뿐만 아니라 젊은 세대에게까지 긍정적인 영향을 주고 있습니다.

2 영원씨(01seeTV)

'영원씨'는 대한민국 최고령 먹방 유튜브 크리에이터로, 2022년 현재 85세의 나이로 활발히 활동하고 있습니다. 2022년 5월 기준 약 36만 명의 구독자를 보유하고 있으며 손녀가 준비한 다양하고 맛있는 음식을 맛보는 먹방 콘텐츠를 주로 업로드합니다.

특히 SNS에서 유행하는 독특한 젤리, 머랭 쿠키, 먹는 수세미 등을 먹어보는 콘텐츠로 젊은 세대에게 인기를 얻었습니다. "항상 즐겁게 먹고 싶다."라는 바람을 가지고 있다는 영원씨! 먹방 동영상 속의 영원씨의 맑고 순수한 웃음이 시청자들에게 행복한 에너지를 주고 있습니다.

③ 차산선생법률상식

'차산선생법률상식'은 전직 대법관 출신의 변호사가 운영하는 채널입니다. 2022년 5월 기준 약 14만 명의 구독자를 보유하고 있습니다.

대법관까지 지낸 경험을 살려 '임차인의 권리금', '농담으로 한 회사 그만 둘래 발언 후 퇴직 발령?' 등 누구나 궁금해할 만한 법률 지식을 알기 쉽게 전달합니다. 생활 속에서 활용 가능한 법률 지식을 알려주며 법을 어렵게만 느끼는 사람들에게 큰 도움을 주고 있습니다.

102쪽에서 '차산선생법률상식'을 운영하고 계신 박일환 변호사님의 인터뷰를 만나보세요.

④ 아빠, 이건 어떻게 해요?(Dad, how do I?)

워싱턴 주 시애틀에 사는 롭 케니가 운영하는 채널로, 2022년 5월 기준 약 400만 명의 구독자를 보유하고 있습니다. 2020년 '랜선 아빠'로 인기를 끌었으며, 넥타이 매는 법과 면도하는 법, 셔츠 다리는 법 등 일상에서 필요한 소소한 팁들을 설명하는 콘텐츠로 유명합니다. 아빠가 자녀들에게 하듯 자상하게 알려주어 '대드바이스(Dad+advice)'라고 불리기도 합니다.

롭 케니는 "내가 동영상에서 가르쳐주는 것은 어릴 때 아버지에게 배우지 못했던 것, 그래서 아버지가 가르쳐주길 바랐던 것들"이라고 말하곤 합니다. 이런 마음이 전달된 것일까요? 젊은 세대들은 '유튜브 아빠'를 통해 삶의 지혜를 배우고 따뜻한 위로를 받는다며 감사의 마음을 댓글로 전하고 있습니다.

컴퓨터로
유튜브 즐기기

유튜브로 동영상 보는 방법! 모르는 사람 있나요? 스마트폰의 유튜브 앱을 열고 원하는 동영상을 골라 터치하기만 하면 되잖아요. 그런데 스마트폰 화면 속 유튜브 동영상이 너무 작게 보이지 않나요? 그리고 갑자기 자막이 나오지 않아서 당황스러웠던 적은 없었나요? 좋아하는 음악을 계속 듣고 싶은데 매번 음악이 끝나면 다시 재생하는 것이 번거롭지 않았나요? 컴퓨터로 유튜브 동영상을 편리하게 즐길 수 있는 방법을 아주 쉽게 알려드릴게요.

컴퓨터로 유튜브 동영상 볼 수 있나요?
- PC 유튜브 -

 은지야~ 식탁에 있는 엄마 안경 좀 가져다줄래?

 여기 있어요.

 유튜브에 재밌는 동영상이 참 많은데…
스마트폰 화면이 너무 작아서 금방 눈이 피곤해져.

 요즘 스마트폰 화면이 많이 커지긴 했지만, TV나 컴퓨터 모니터와 비교하면 훨씬 작아서
보기 불편하긴 해요.

 그렇지? 그리고 동영상 자막은 더 잘 안 보여. 너무 작아서 정말 답답해.

 그럼 노트북으로 유튜브 동영상을 보는 건 어때요?

 컴퓨터는 잘 못하는데… 어렵지 않을까?

 전혀 어렵지 않아요~ 게다가 《부모님을 위한 컴퓨터 무작정 따라하기》 책을 보면서 컴
퓨터 다루는 방법을 익히셨잖아요!

 그래? 그럼 노트북으로 유튜브 동영상 보는 방법을 알려줄래?

 바로 알려드릴게요!

오른쪽 큐알(QR)코드를 휴대폰으로 찍어 저자 강의 동영상을 확인해보세요. ▶

컴퓨터로 유튜브 동영상 보기

인터넷을 할 수 있는 웹 브라우저 '마이크로소프트 엣지(Edge)'를 이용해서 유튜브 사이트를 이용해봅시다.

무작정 따라하기

1 [시작] 단추를 클릭합니다.

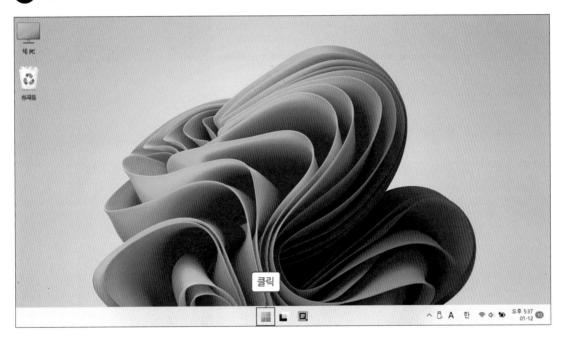

클릭

 미니 사전 **웹 브라우저(Web Browser)**

'웹 브라우저'는 인터넷 웹 페이지를 볼 수 있게 해주는 프로그램으로, 구글 '크롬', 마이크로소프트 '엣지', 네이버 '웨일' 등 다양한 종류가 있어요.

그중 마이크로소프트 '엣지'는 윈도우 운영체제의 컴퓨터에 기본적으로 설치되어 있기 때문에 쉽게 찾아 사용할 수 있어요. 우리는 '엣지'를 활용해 인터넷에 접속해 볼 거예요.

구글 '크롬' 역시 전 세계적으로 많은 사람들이 사용하는 웹 브라우저입니다. 하지만 별도로 컴퓨터에 설치한 후 사용해야 합니다.

② 시작 메뉴의 검색 상자에 'edge'를 입력합니다.

③ [Microsoft Edge]를 클릭합니다.

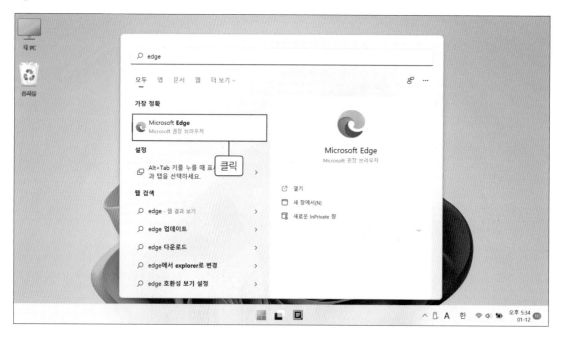

4 웹 브라우저 창이 열리면 검색 창에 [유튜브 홈]을 입력한 후 [돋보기]를 클릭합니다.

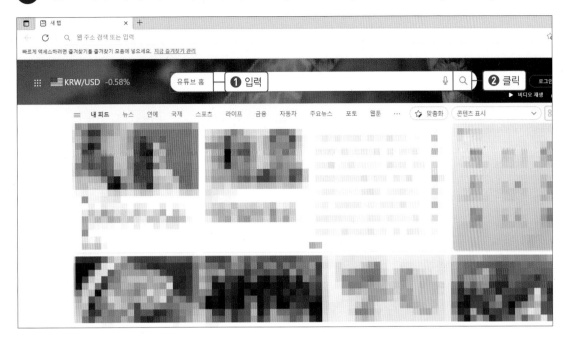

5 검색 결과 중 [YouTube]를 클릭하면 유튜브 사이트가 열립니다.

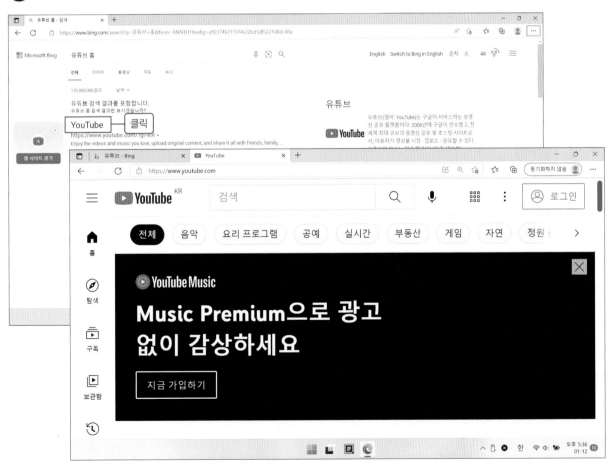

04

유튜브에 가입하면 돈을 내야 하나요?
- 유튜브의 시작 -

 이 영상 정말 재밌고 유용하네? 구독 눌러야겠다! 음… 로그인? 로그인이 뭐지? 어휴~ 너무 복잡하다.

 엄마~ 컴퓨터로 유튜브 영상 보니까 어때요? 스마트폰보다 훨씬 잘 보이죠?

 응, 잘 보이긴 하는데… 폰으로는 '구독'이나 '좋아요'를 누를 수 있었는데 컴퓨터로는 안 되네. 왜 그럴까?

 아~ 채널을 '구독'하고 '좋아요'를 누르려면 먼저 '로그인'을 해야 해요~

 그래? 근데 스마트폰에서는 로그인 같은 거 안 했는데?

 그건 스마트폰 샀을 때 아이디를 만들고 이미 로그인해뒀기 때문이죠~^^!

 아~ 그랬구나! 그럼 컴퓨터에선 어떻게 로그인해?

 이제 엄마 스스로 로그인하실 수 있게 차근차근 알려드릴게요~

오른쪽 큐알(QR)코드를 휴대폰으로 찍어 저자 강의 동영상을 확인해보세요. ▶

'로그인' 왜 해야 하죠?

내가 원하는 대로 유튜브 환경을 설정하고, 좋아요를 누르는 등 유튜브를 편리하게 이용하려면 '로그인'은 필수입니다! 로그인이 무엇이고 왜 해야 하는지 알아봅시다.

'좋아요', '구독' 버튼을 눌러서 좋아하는 영상만 모아 편리하게 보고 싶은데 버튼을 누르면 아래 이미지와 같은 안내창이 나타납니다.

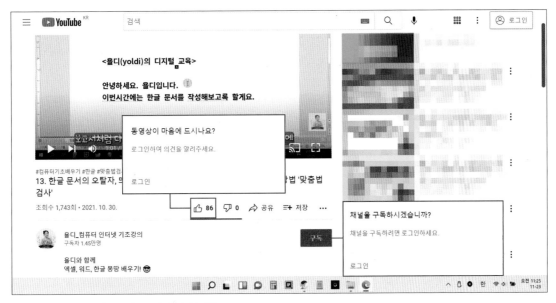

▲ 로그인하지 않고 좋아요 '좋아요', '구독'을 누른 경우

"로그인하여 의견을 알려주세요.", "채널을 구독하려면 로그인하세요."

로그인을 하라고 하는데 무슨 말인지 모르겠어요.

 미니 사전   **로그인(Login)**

많은 사용자 중에서 특정한 사람만 시스템에 접근할 수 있도록 하는 과정을 '로그인'이라고 해요. 현관문을 열 때도 비밀번호를 눌러 신원을 확인하지요? 아무나 우리 집에 들어와선 안 되니까요. 마찬가지로 유튜브 사이트를 이용할 때도 내 기록을 나만 확인할 수 있도록 로그인하는 과정이 필요합니다. 다른 사람들이 접근할 수 없도록요!

'로그인' 어떻게 하는 거죠?

유튜브에 로그인 하려면 우선 구글 이메일(계정)이 필요합니다. 차근차근 이메일(계정)을 만들어 봅시다.

유튜브 사이트 오른쪽 상단의 [로그인] 버튼을 누르면 '이메일 또는 휴대전화 번호'와 '비밀번호'를 입력하라는 안내가 나타납니다.

▲ 유튜브 사이트 로그인 화면

그런데 이 화면을 보면 그저 당황스러워요.
'어떤 이메일을 입력해야 하지? 난 이메일이 없는데....'
'비밀번호는 뭐였지?'

걱정하지 마세요!
이메일이 없다면 새로운 이메일(계정)을 만들면 되고, 사용하던 이메일(계정)이 있다면 다시 찾아서 로그인할 수 있습니다. 새로운 이메일(계정) 계정을 만들어야 한다면 35쪽, 이전에 사용하던 이메일(계정)을 찾고 싶다면 44쪽의 과정을 따라해 보세요.

새로운 구글 이메일(계정) 만들기

구글 이메일(계정)이 없다면 새로운 이메일과 비밀번호를 만들어 봅시다.

무작정 따라하기

① 화면 오른쪽 위의 [로그인]을 클릭합니다.

Q&A **이메일(계정)을 만들 때 돈을 내야 하나요?**

아니요. 구글 이메일(계정)을 만드는 것은 무료입니다. 그리고 구글 이메일(계정)로 로그인해서 사용하는 유튜브 또한 무료로 이용할 수 있어요. 단, 16쪽에서 알아본 것처럼 광고 없이 유튜브 영상을 보기 위해서 매달 일정 비용을 내는 '유튜브 프리미엄'에 가입하는 경우도 있습니다.

② [계정 만들기] - [본인 계정]을 클릭합니다.

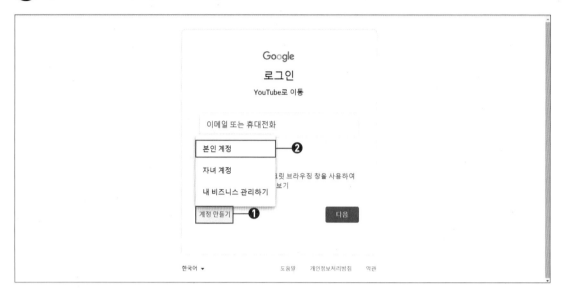

③ 성과 이름을 입력하고 [새로운 Gmail 주소 만들기]를 클릭하세요.

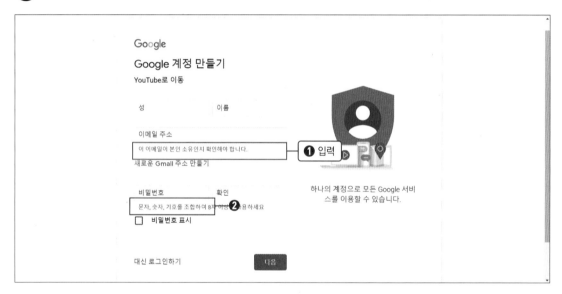

4 문자, 숫자, 마침표를 조합하여 사용자 이름을 만들어 입력합니다.

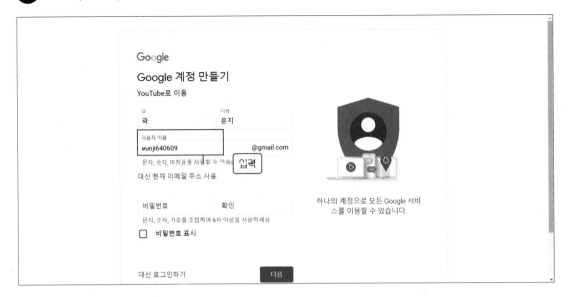

  '이미 사용된 사용자의 이름입니다. 다른 이름을 선택하세요.'라는 문구가 나타나요.

입력한 사용자 이름을 다른 사람이 사용하고 있다면 다른 사용자 이름을 입력하고 중복되지 않았는지 다시 확인해야 합니다. 또 다른 사용자 이름을 생각하기가 쉽지 않죠? 그럴 땐 입력한 이름 뒤에 원하는 숫자를 붙여 보세요.

예 eunji6406 → eunji640609

⑤ 문자, 숫자, 기호를 조합하여 8자리 이상의 [비밀번호]를 입력합니다. [확인] 부분에 한 번 더 똑같이 입력하고 [다음]을 클릭하세요.

Tip | [비밀번호 표시] 앞 □를 클릭해 체크하면 입력한 비밀번호를 확인할 수 있어요.

 비밀번호를 저장해도 될까요?

비밀번호를 설정하고 [다음]을 클릭하면 오른쪽 위에 '비밀번호 저장' 창이 나타납니다. 내 컴퓨터라면 [확인]을 클릭해 보세요. 다음부터는 비밀번호를 입력할 필요 없이 편리하게 로그인할 수 있어요. 하지만 여러 사람과 함께 사용하는 컴퓨터라면 [안 함]을 클릭하세요. 개인정보는 소중하니까요!

⑥ 휴대전화 번호를 입력한 후 [다음]을 클릭합니다.

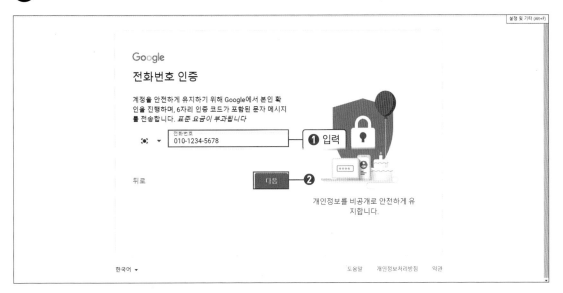

⑦ 입력한 번호로 인증 코드 6자리가 포함된 문자 메시지가 전송됩니다. 문자를 확인하여 숫자 6자리를 입력한 후 [확인]을 클릭합니다.

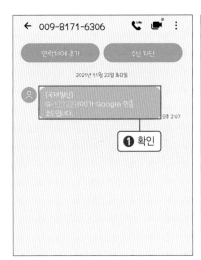

> **Tip** │ 문자가 오지 않을 때는 전화로 인증 코드를 확인할 수 있어요. [전화로 대체]를 클릭하면 국제 전화가 옵니다. 전화를 받으면 인증 코드 6자리를 알려주는데 그 번호를 메모했다가 입력하면 됩니다.

❽ 생년월일을 입력하고 성별을 선택한 후 [다음]을 클릭합니다.

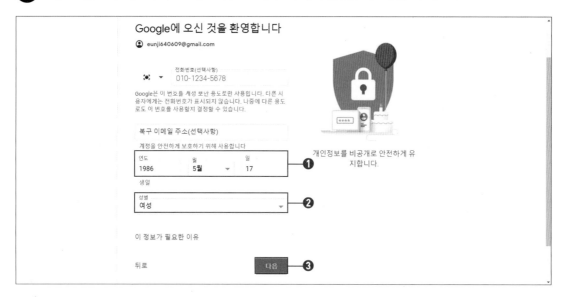

Tip | 복구 이메일 주소는 선택 사항으로, 입력하지 않아도 다음 단계로 넘어갈 수 있습니다.

❾ 인증받은 전화번호를 구글 계정에 추가해서 다양한 구글 서비스에서 사용할 수 있습니다. 선택사항이므로 전화번호 정보 공유를 원하지 않는다면 [건너뛰기]를 클릭합니다.

⑩ 개인정보 보호 및 약관에 동의하기 위해 아래 두 개의 체크박스를 선택한 후 [계정 만들기]를 클릭합니다.

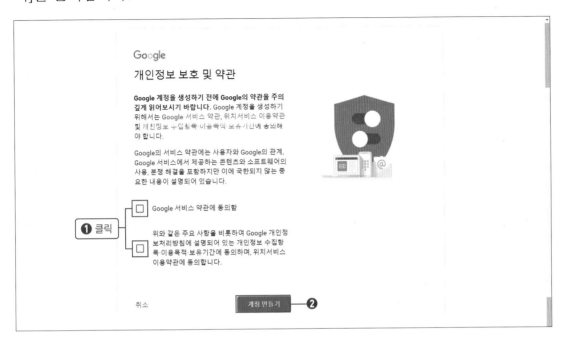

⑪ 새롭게 만든 구글 계정으로 유튜브에 로그인되었습니다! 주소 표시줄 아래 팝업이 나타난다면 [허용]을 클릭해 닫아 줍니다.

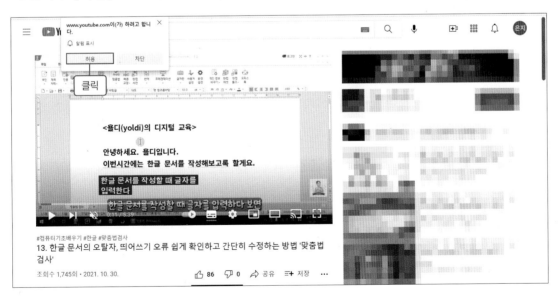

스마트폰에 로그인된 구글 계정 확인하기

사실 여러분도 모르게 구글 계정(이메일)을 가지고 있었을 수도 있어요. 원래 사용하던 구글 이메일을 찾아 봅시다.

✔ 구글 이메일 주소 찾기

"스마트폰으로 유튜브 영상 볼 때 [좋아요], [구독] 버튼 다 눌러왔는데 이미 로그인이 되어 있던 건가요?"

기존에 스마트폰으로 유튜브를 시청하고 있었다면 이런 궁금증이 생길 수 있습니다. 답은 "네!"입니다. 가입한 기억이 나지 않는다고요? 안드로이드 운영체제 스마트폰을 사용하려면 구글 계정이 반드시 필요합니다. 구글 계정이 있어야 스마트폰에 앱을 설치할 수 있거든요. 그래서 처음 스마트폰을 셋팅한 사람이 임의로 계정을 생성했다면 구글 계정이 기억나지 않을 수 있어요.

또한 스마트폰 유튜브 앱에서 사용하던 계정을 컴퓨터에서도 함께 사용해야 어떤 기기를 사용하더라도 내가 '좋아요', '구독'을 누른 동영상과 채널을 확인할 수 있어요. 다음 과정을 따라하며 내 구글 이메일 계정을 확인해 봅시다.

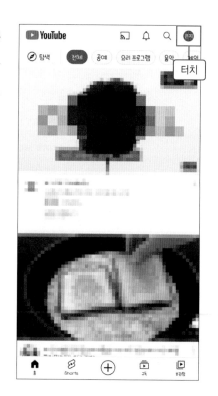

스마트폰 유튜브 앱에서 로그인이 되어 있는지 확인하려면 오른쪽 위에 있는 동그라미(프로필 사진, 이름)를 터치해 보세요.

- **로그인된 상태** : 메뉴가 나타나며 이름 아래에 적힌 이메일을 확인할 수 있습니다.
- **로그인되지 않은 상태** : [로그인] 버튼이 있는 화면이 나타납니다.

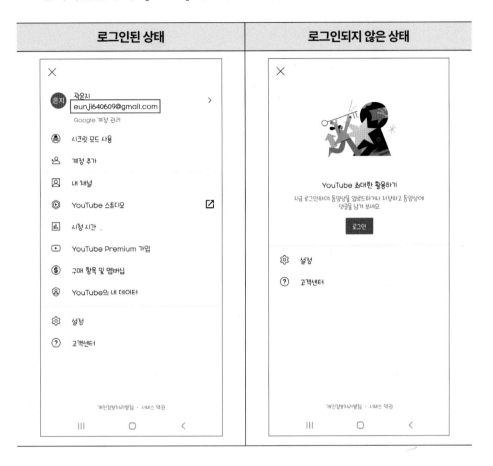

✔ 비밀번호 재설정하기

로그인이 되어 있는 상태라면 이름 아래에 내 이메일(계정)이 보일거에요. 이메일은 확인했는데 비밀번호가 기억나지 않는다고요? 스마트폰에 로그인된 이메일(계정)의 비밀번호를 다시 설정해 봅시다!

1 [Google 계정 관리]를 누릅니다.

2 [개인 정보]-[비밀번호]를
누릅니다.

3 [비밀번호 찾기]를 누릅니다.

4 기존에 사용하던 비밀번호를 다시 사용할 수 없으므로 새로운 비밀번호를 만들어야 합니다. 새로운 비밀번호를 입력하고 [비밀번호 저장]을 누르면 끝입니다!

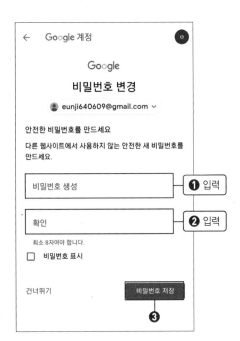

Tip | '확인' 칸에는 위에 입력한 비밀번호를 한 번 더 입력하세요.

컴퓨터로 유튜브 로그인하기

구글 이메일(계정)과 비밀번호가 준비되었다면 컴퓨터로 유튜브 영상을 볼 수 있도록 로그인해 봅시다.

무작정 따라하기

① 화면 오른쪽 위의 [로그인]을 클릭합니다.

2 이메일을 입력한 후 [다음]을 클릭하고, 비밀번호 입력 창이 나타나면 비밀번호를 입력한 후 [다음]을 클릭합니다.

4 컴퓨터로 유튜브에 로그인했습니다.

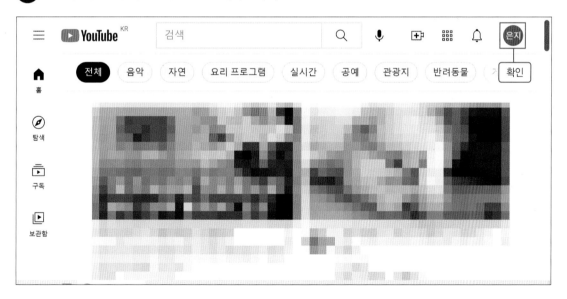

유튜브 화면이 너무 복잡해요.
뭘 눌러야 하나요?
- 유튜브의 첫 화면 살펴보기 -

 음... 스마트폰으로 보던 유튜브 화면이랑 많이 다르네? 어딜 클릭해야 하나...

 엄마~ 컴퓨터로 유튜브 동영상을 보니 어때요?

 스마트폰 화면보다 복잡해 보여서 어딜 클릭해야 하는지 모르겠어. 내가 구독한 채널은
어디 있지?

 아하~ 컴퓨터로 보는 유튜브 화면이 익숙하지 않으시죠? 자세히 살펴보면 스마트폰으로
보던 화면과 크게 다르지 않아요. 화면의 크기가 달라서 메뉴의 위치가 달라지고 여러 동
영상이 한꺼번에 보여서 복잡해 보이는 거랍니다.

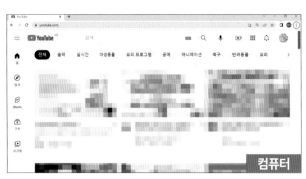

컴퓨터

스마트폰

 아~ 비교해서 보니 같은 메뉴들이 있네?

 맞아요~ 그럼 유튜브 사이트의 홈 화면을 같이 살펴볼까요?

오른쪽 큐알(QR)코드를 휴대폰으로 찍어 저자 강의 동영상을 확인해보세요. ▶

홈 화면 살펴보기

처음에는 유튜브 홈 화면이 복잡해 보일 수 있지만 하나씩 차근차근 살펴보면 어렵지 않아요.

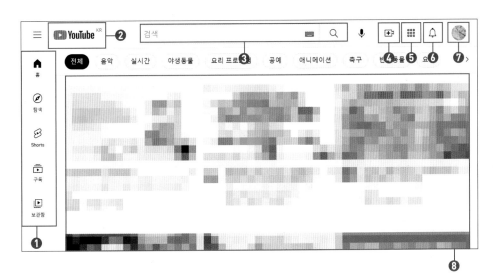

❶ 홈 메뉴
❷ YouTube 로고
❸ 검색
❹ 만들기
❺ 유튜브 앱
❻ 알림
❼ 프로필
❽ 추천 동영상

❶ 홈 메뉴

[홈], [탐색], [Shorts], [구독], [보관함] 기능을 확인할 수 있습니다. 홈 메뉴의 여러 항목들은 54쪽에서 차근차근 살펴볼게요.

2 YouTube 로고

로고를 클릭하면 언제든지 유튜브 홈 화면으로 돌아갈 수 있습니다.

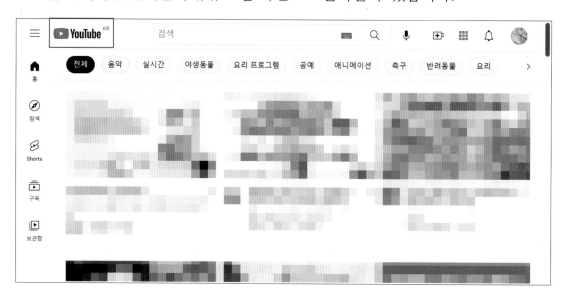

3 검색

검색 상자에 원하는 키워드를 입력하면 동영상을 찾을 수 있습니다.

4 만들기

[만들기]를 클릭해 채널에 동영상을 업로드하거나 실시간 스트리밍을 시작할 수 있습니다.

5 YouTube 앱

유튜브와 관련된 여러 앱을 확인할 수 있습니다.

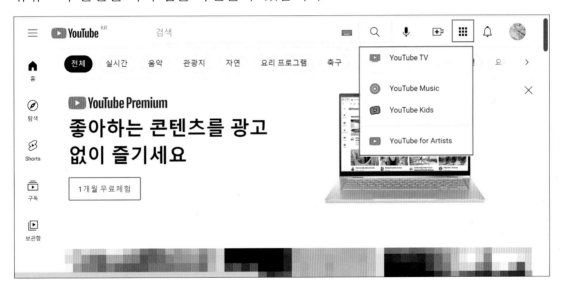

6 알림

알림 설정한 채널의 새 동영상 업로드 알림 등 콘텐츠 관련 알림 목록을 확인할 수 있습니다.

7 프로필 (사진)

우측 상단의 원형 프로필을 클릭하면 '내 채널', '구매 항목 및 멤버십', '유튜브 스튜디오' 등을 확할 수 있습니다. 다른 계정으로 전환하거나 로그아웃할 때도 많이 사용됩니다.

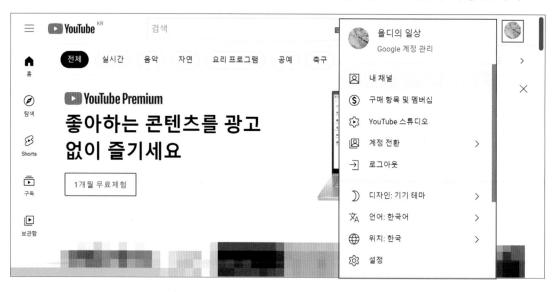

8 추천 동영상

유튜브가 처음이거나 로그인한 적이 없다면 유튜브에서 가장 인기 있는 동영상이 표시됩니다. 로그인한 후 동영상을 시청하면 내 유튜브 환경설정 및 활동에 따른 맞춤 동영상이 표시됩니다.

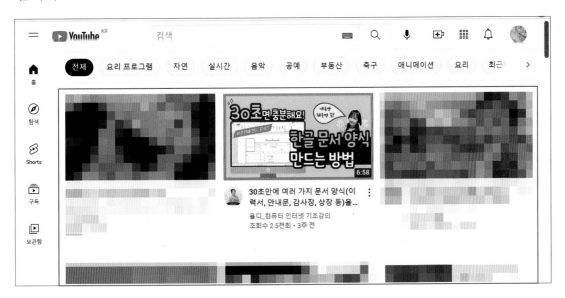

Q&A 프로필 사진? 저는 글자만 보여요.

화면과 달리 프로필에 이름만 나타나나요? 프로필 사진을 업로드하지 않으면 계정을 만들 때 입력한 이름이 나타납니다. 프로필 사진 업로드 방법은 112쪽을 참고해주세요.

프로필 사진	이름

홈 메뉴 살펴보기

유튜브에서 가장 많이 보는 화면인 홈 메뉴에 대해 자세히 알아볼게요.

홈 메뉴에서는 [홈], [탐색], [Shorts], [구독], [보관함] 기능을 확인할 수 있었죠? 홈 메뉴의 [가이드](☰)를 클릭하면 세부 메뉴들이 나타납니다.

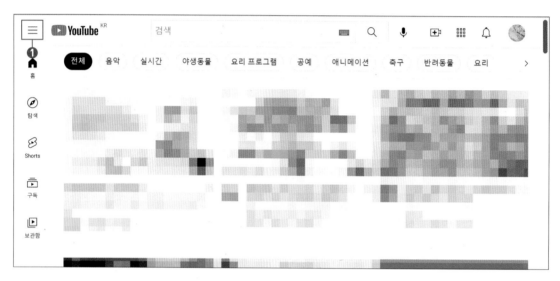

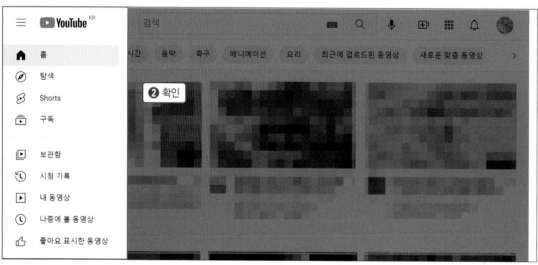

1 홈

홈 화면으로 이동합니다.

2 탐색

현재 유튜브에서 인기를 얻고 있는 동영상을 카테고리별로 확인할 수 있습니다.

3 Shorts

Shorts 동영상을 확인할 수 있습니다.

미니사전 **Shorts 동영상**

60초 이하의 짧은동영상으로, 정사각형 또는 세로 형태로 업로드됩니다.

4 구독

구독한 채널의 최신 동영상이 표시됩니다.

Q&A 구독한 모든 채널을 확인하고 싶어요.

❶ [구독]에서 [관리]를 클릭하면 현재 구독 중인 채널을 모두 확인할 수 있습니다.

❷ 또는 [가이드](≡)를 클릭하고 아래로 스크롤하면 구독한 채널을 확인할 수 있어요.

5 보관함

'시청 기록', '나중에 볼 동영상', '재생목록', '좋아요 표시한 동영상' 등의 정보를 확인할 수 있습니다.

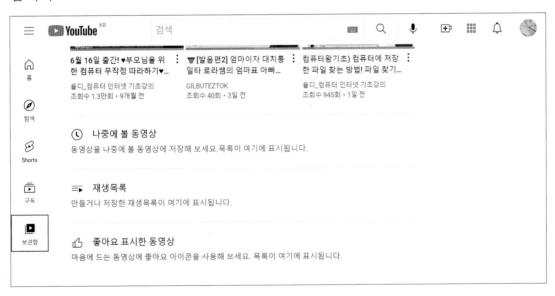

보고 싶은 동영상 검색하기

보고 싶은 동영상이 있나요? 유튜브에서 동영상을 검색해 봅시다.

무작정 **따라하기**

1 검색 상자에 검색어 '율디'를 입력하고 돋보기(🔍)를 클릭합니다.

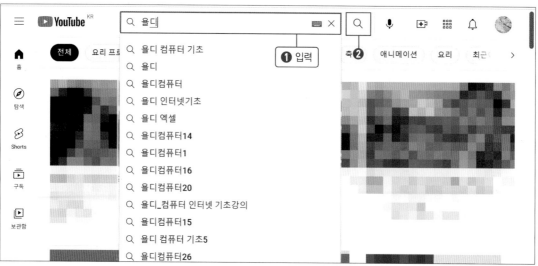

Tip | 입력한 검색어 아래로 관련 추천 검색어를 확인할 수 있습니다.

② 검색어와 관련된 채널 및 최신 동영상을 찾을 수 있습니다.

Q&A 검색 상자를 클릭했는데 이전에 검색한 검색어가 나와요. 삭제할 수 없나요?

삭제할 검색어 오른쪽에 있는 [삭제]를 클릭하면 추천 검색어가 바로 삭제됩니다.

동영상을 크게! 선명하게! 볼 수 없나요?
- 동영상 200% 즐기기 -

 동영상이 왜 이렇게 흐릿하게 보이지? 눈이 침침해.

 엄마~ 왜 그렇게 눈을 비비고 계세요?

 화면이 흐릿하게 보여서 그래. 이상하다. 다른 동영상 볼 땐 선명하게 잘 보였거든.

 아~ 동영상의 '화질'이 낮게 설정되어 있어서 그런 것 같아요. 다시 설정해 볼게요! 어때요? 이제 선명하게 잘 보이죠?

 어머! 정말 잘 보이네~ 어떻게 한 거야? 아, 그리고 자막이 갑자기 안 보이는데 자막도 보이게 할 수 있을까?

 그럼요! 동영상 아래에 여러 설정 버튼들이 있죠? 이 버튼을 클릭해서 다양한 설정을 할 수 있어요~ 하나씩 알려드릴게요!

오른쪽 큐알(QR)코드를 휴대폰으로 찍어 저자 강의 동영상을 확인해보세요. ▶

동영상 설정 메뉴 살펴보기

동영상을 시청할 때, 필요에 따라 설정을 변경할 수 있습니다. 동영상 세부 설정 메뉴에 들어가는 방법을 알아 봅시다.

무작정 따라하기

1 동영상 세부 설정 메뉴에서는 동영상의 볼륨, 자막, 속도, 화질 등을 설정할 수 있습니다. 동영상 위에 마우스 커서를 올려 보세요.

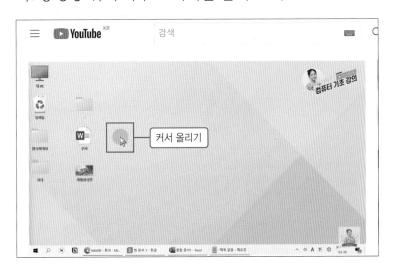

2 동영상 화면 아래에 여러 설정 단추가 나타납니다.

소리가 너무 작아요! '볼륨 조절하기'

동영상의 소리가 너무 크거나 작나요? 동영상 소리의 크기를 조절하거나, 소리가 들리지 않도록 '음소거'하는 방법을 알아봅시다.

무작정 따라하기

① 동영상 위에 마우스 커서를 올려 동영상 하단에 설정 버튼이 나타나도록 합니다.

② [볼륨](🔊)에 마우스 커서를 올리면 볼륨을 조절할 수 있는 바가 나타납니다.

3 동그란 도형을 오른쪽으로 드래그하면 볼륨이 높아지고 왼쪽으로 드래그하면 볼륨이 낮아집니다.

4 [볼륨](🔊)을 클릭하면 소리가 나지 않는 [음소거](🔇)상태로 변경됩니다.

⑤ [음소거]()를 다시 한 번 클릭하면 음소거가 해제되면서 동영상의 소리를 들을 수 있습니다.

Q&A 음소거 상태가 아닌데 동영상의 소리가 들리지 않아요.

음소거도 아니고 볼륨도 높게 설정되어 있는데 소리가 들리지 않을 때가 있어요. 그럴 땐 유튜브 동영상을 보고 있는 기기(컴퓨터, 스마트폰 등)의 소리 설정을 확인해야 합니다.

컴퓨터의 경우 작업 표시줄의 볼륨 아이콘을 확인해보세요. 볼륨이 [음소거](◁×) 상태일 경우 컴퓨터에서 아무런 소리가 나지 않기 때문에 유튜브 동영상의 소리도 들리지 않습니다. 컴퓨터 볼륨 아이콘을 클릭한 후 음소거 상태인 스피커 아이콘(◁×) 을 클릭하면 음소거 설정이 해제됩니다.

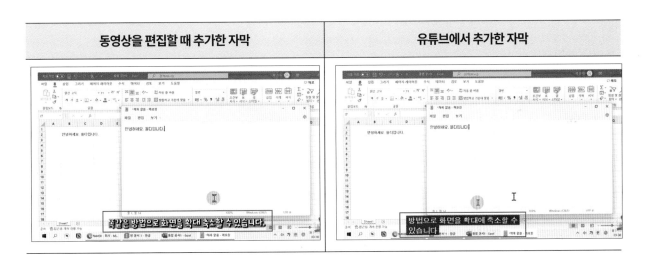

자막도 같이 보고 싶어요! '자막 설정하기'

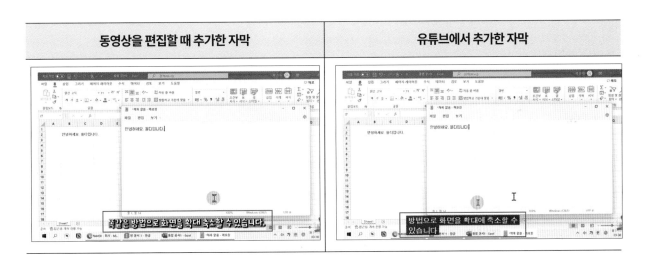

유튜브 동영상을 볼 때 자막이 있으면 이해하기 쉽겠죠? 자막이 없는 동영상에 자막을 표시하는 방법을 알아봅시다.

✔ 자막의 종류

동영상 자막은 크게 두 가지로 구분할 수 있습니다.

첫 번째는 동영상을 편집할 때 삽입한 자막입니다. 동영상을 제작한 사람이 직접 넣은 자막이죠. 따라서 다양한 디자인으로, 원하는 위치에 삽입할 수 있습니다.

두 번째는 유튜브에서 음성 인식 기술을 사용하여 자동으로 생성한 자막입니다. 이미 완성된 동영상에 자막을 표시하므로 스타일이 다양하지 않으며, 기본적으로 검은색 배경에 흰색글자로 보입니다.

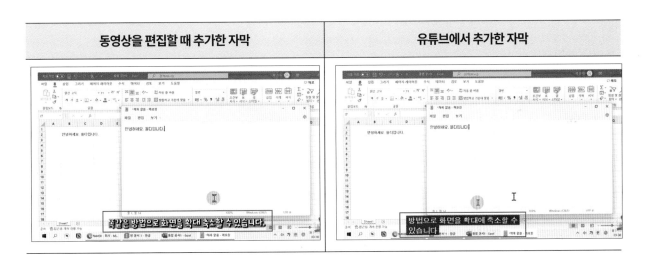

동영상을 편집할 때 추가한 자막	유튜브에서 추가한 자막

유튜브에서 추가한 자막은 내가 원하는 대로 켜고 끌 수 있습니다. 필요하다면 자막을 표시하고 동영상을 볼 때 방해가 된다면 보이지 않도록 설정하는 방법을 알아봅시다.

1 동영상 위에 마우스 커서를 올려 동영상 아래쪽에 설정 버튼이 나타나도록 합니다.

2 [자막](▭)을 클릭하세요.

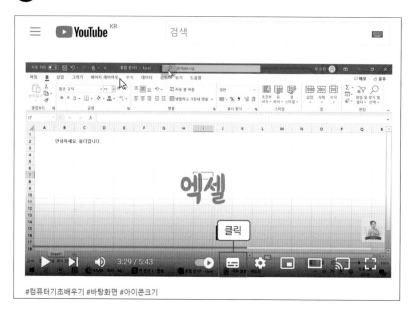

③ 자동으로 생성된 자막을 확인할 수 있습니다 .

④ 다시 [자막]()을 클릭하면 자막이 사라집니다.

Q
&A 🤔 **자막 내용이 이상해요.**

유튜브에서 자동 생성된 자막은 머신러닝 알고리즘에 의해 만들어지기 때문에 동영상에 따라 자막 품질이 달라질 수 있습니다. 발음이 부정확하거나 주변에 소음이 심하면 자막에 오류가 생길 수 있기 때문에, 유튜브 자동 자막 기능을 활용하는 영상 제작자들은 자동 생성된 자막을 다시 검토하여 수정하는 과정을 거칩니다.

동영상을 조금 빠르게 보고 싶어요!
'재생 속도 조절하기'

동영상을 빠르게 또는 천천히 보고 싶을 때 동영상의 재생 속도를 조절할 수 있습니다.

무작정 따라하기

1 동영상 위에 마우스 커서를 올려 동영상 아래쪽에 설정 버튼이 나타나도록 합니다.

2 [설정](⚙)을 클릭합니다.

③ [재생 속도]를 클릭합니다.

④ 기본적으로 재생 속도는 [보통]으로 설정되어 있습니다. 원하는 재생 속도를 클릭합니다.

Tip | '1'보다 작으면 원본보다 느린 속도, '1'보다 크면 빠른 속도로 재생됩니다.

동영상을 선명하게 보고 싶어요! '화질 설정하기'

동영상 화질 설정에 따라서 동영상이 흐리게 보이곤 합니다. 동영상의 화질이 높아질수록 선명한 화면으로 시청할 수 있습니다. 화질을 설정하는 방법을 알아봅시다

'화질'은 동영상의 재생 품질을 의미합니다. 동영상의 화질을 나타내는 '144p', '1080p' 등의 숫자는 동영상을 구성하는 작은 네모 칸인 '픽셀'의 개수를 나타내는데, 이 숫자가 클수록 화질이 높아집니다. 즉, '144p'보다 '1080p'이 더 선명하게 보입니다.

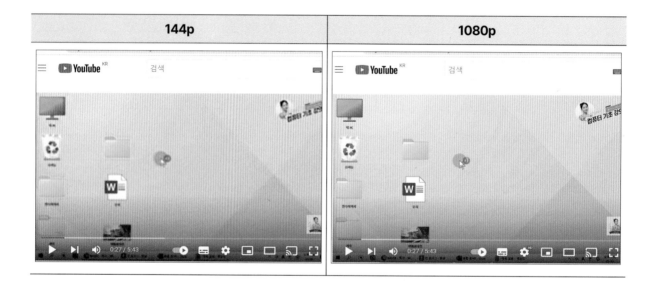

① 동영상 위에 마우스 커서를 올려 동영상 하단에 설정 버튼이 나타나도록 하고 [설정] (⚙)을 클릭합니다.

③ 현재 화질을 확인할 수 있습니다. [자동 720p]로 설정되어 있네요. 설정을 변경하기 위해 [화질]을 클릭합니다.

4 현재 설정된 화질 앞에 ✔표시가 되어 있습니다.

Tip | 숫자가 클수록 화질이 선명해집니다. 현재 설정된 '720p' 보다 낮은 숫자를 선택하면 흐리게 보이고 높은 숫자를 선택하면 더 선명하게 보입니다.

5 [1080p]를 클릭합니다.

 Q&A 높은 화질로 설정했는데도 동영상이 선명하게 보이지 않아요.

동영상 화질은 내가 설정한 화질 뿐 아니라 '인터넷 연결 속도', '업로드된 동영상의 화질'에도 영향을 받습니다. 인터넷 연결 상태가 좋지 않거나 업로드된 동영상이 처음부터 낮은 화질로 제작되었다면 높은 화질로 설정하더라도 선명하게 보이지 않을 수 있습니다.

동영상을 화면에 꽉 차게 보고 싶어요!
'전체 화면 설정하기'

컴퓨터로 유튜브 영상을 보는 이유 중 하나는 바로 동영상을 크게 보고 싶기 때문입니다. 스마트폰의 화면이 작아서 동영상을 보면 답답할 때가 있으니까요. 그런데 컴퓨터로 유튜브 영상을 봐도 컴퓨터 화면 가득 크게 보이지 않는다고요? 아주 간단히 설정을 변경해 보세요.

무작정 따라하기

1 동영상 위에 마우스 커서를 올려 동영상 하단에 설정 버튼이 나타나도록 합니다.

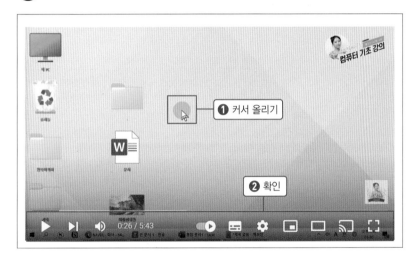

2 [전체 화면]( )을 클릭합니다.

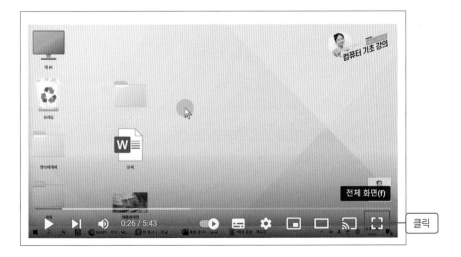

❸ 화면 전체가 동영상으로 채워지면서 동영상을 크게 볼 수 있습니다.

❹ 다시 이전 화면으로 돌아가려면 마우스 커서를 움직여 하단 설정 버튼을 표시한 후 [전체화면 종료](🔀)를 클릭합니다.

Tip | 키보드의 Esc 키를 눌러도 이전 화면으로 돌아갈 수 있어요.

자꾸 다음 동영상으로 넘어가요!
'자동재생 사용 설정하기'

동영상이 종료되면 그대로 멈춰있지 않고 관련 동영상이 자동으로 재생될 때가 있습니다. '다음에 어떤 영상을 볼까?' 고민하지 않아도 자동으로 농영상을 수선해주기 때문에 편리히지만 계속해서 동연상이 재생되므로 불편할 때도 있습니다. 간단한 설정을 통해 자동재생을 해제해 봅시다.

무작정 따라하기

1 동영상 위에 마우스 커서를 올려 동영상 하단에 설정 버튼이 나타나도록 합니다.

2 [자동재생 사용 중지]()를 클릭합니다.

075

❸ 현재 동영상이 끝나도 다음 동영상이 이어서 재생되지 않습니다.

좋아하는 노래 한 곡만 계속 듣고 싶어요! '연속 재생 설정하기'

한 동영상을 반복해서 보고 싶을 때 '연속 재생'으로 설정하면 한 동영상이 반복해서 재생됩니다. 예를 들어, 좋아하는 노래를 계속 듣고 싶은 경우 이 기능을 활용할 수 있습니다.

무작정 따라하기

1 동영상을 마우스 오른쪽 버튼으로 클릭하면 메뉴가 나타납니다.

2 [연속 재생]을 클릭하면 현재 동영상이 반복해서 재생됩니다.

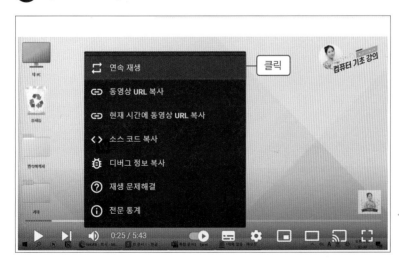

> **Tip** | 연속 재생을 멈추고 싶다면[연속재생]을 다시 한번 클릭하세요.

07 다른 사람들과 소통하고 싶어요

유튜브
세상 속으로

유튜브에는 많은 사람들이 모여 있어요. 좋아하는 채널에 '구독'을 눌러 모인 사람들, 이 동영상은 최고야! '좋아요' 버튼을 누른 사람들, 각자의 의견을 '댓글'로 남기는 사람들... 우리 눈에 직접 보이지 않을 뿐 동영상 하나로 전 세계의 많은 사람들과 함께하고 있어요. 여러분도 참여해 보고 싶지 않나요? 지금 당장 유튜브 동영상에 대한 나의 감정과 생각을 공유해 봅시다.

다른 사람들과 소통하고 싶어요

 어이쿠! '싫어요'를 눌러버렸네. 어쩐담….

 엄마~ 왜 그렇게 심각한 표정을 하고 있어요? 무슨 문제 있어요?

 이 동영상에 '좋아요'를 눌러야 하는데 '싫어요'를 눌러버렸어.

 괜찮아요! 쉽게 취소할 수 있어요!

 정말? 그럼 궁금한 게 하나 더 있는데…. 이 동영상이 재미있어서 친구에게 알려주고 싶은데 방법이 없을까?

 엄마가 자주 사용하시는 카카오톡으로 동영상을 쉽게 보낼 수 있어요! 그렇다면 오늘은 엄마가 유튜브를 더 재밌게 즐길 수 있도록 다양한 기능들을 알려드릴게요!

 다른 사람들이 유튜브를 이용하는 걸 보면 신기한 기능이 많더라. 기대되네!

 몇 가지 팁만 알면 유튜브로 동영상을 시청하기 훨씬 편리해질 거예요.

오른쪽 QR 코드를 휴대폰으로 찍어 동영상 강의를 시청해 보세요. ▶

내가 좋아하는 동영상이 정말 많아! '구독하기'

좋아하는 채널을 구독해 두면 구독 중인 채널 목록을 통해 해당 채널에 바로 방문할 수 있고, 업로드된 동영상도 빠르게 확인할 수 있습니다. 아주 간단하게 구독할 수 있으니 따라해 보세요!

✔ 채널 구독하기

유튜브 홈 메뉴에 있는 동영상을 보다 보면 여러 채널을 발견하게 됩니다. 그 중 내 맘에 쏙 드는 동영상을 업로드하는 채널이 있을 거예요.

'이 채널에 있는 동영상을 자주 보네? 그런데 매번 동영상을 찾아보기 힘들어.'

'지난 번에 봤던 동영상을 다시 시청하고 싶은데… 그 채널의 이름이 뭐였더라?'

이런 경우 채널을 '구독'해 두면 그 채널에 쉽게 방문할 수 있습니다. 뿐만 아니라, 채널에 새로운 동영상이 업로드될 때 바로바로 확인할 수도 있습니다.

무작정 따라하기

❶ 구독하고 싶은 채널의 동영상을 선택하고, 동영상 아래쪽의 [구독]을 클릭합니다.

2 [구독] 버튼이 [구독중]으로 변경됩니다.

✔ 구독 채널 목록 확인하기

좋아하는 동영상만 모아서 보고 싶다고요? 채널을 구독해 두면 내가 구독한 채널의 동영상만 따로 볼 수 있다는 장점이 있습니다. 이 페이지에서는 내가 구독한 채널의 목록을 한 번에 확인할 수도 있어요.

무작정 따라하기

1 내가 구독한 채널을 확인해볼까요? 왼쪽 상단의 [가이드](≡)를 클릭하고 [구독]을 선택합니다.

② 구독한 채널에 새롭게 업로드된 동영상을 한 번에 확인할 수 있습니다.

③ [관리] 버튼을 클릭하면 구독한 채널을 모두 확인할 수 있습니다.

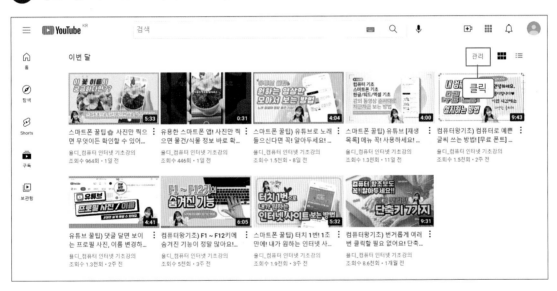

확인

구독을 취소하고 싶어요.

채널 이름 오른쪽의 [구독중] 버튼을 클릭하면 구독이 바로 취소됩니다.

클릭

이 동영상은 '좋아요', '싫어요'

재밌고 유용한 정보를 주는 동영상에 고마움을 표시하거나 칭찬을 해주고 싶을 때가 있어요. 만족하지 못했다는 표현을 하고 싶을 때도 있고요. 이런 경우 '좋아요'나 '싫어요' 버튼을 클릭해 여러분의 생각을 나타낼 수 있어요.

무작정 따라하기

1 동영상 아래에 있는 [좋아요](👍) 또는 [싫어요](👎)버튼을 클릭합니다.

#스마트폰기초 #네이버앱 #네이버렌즈
스마트폰 꿀팁 🌸 사진만 찍으면 무엇이든 확인할 수 있어요! 물건 정보 / 식물 이름 / 영어 간판, 메뉴 읽기
조회수 966회 · 2022. 3. 12. · 스마트폰 꿀팁 더보기

클릭

2 클릭한 버튼이 검은색으로 변경됩니다.

#스마트폰기초 #네이버앱 #네이버렌즈
스마트폰 꿀팁 🌸 사진만 찍으면 무엇이든 확인할 수 있어요! 물건 정보 / 식물 이름 / 영어 간판, 메뉴 읽기
조회수 966회 · 2022. 3. 12. · 스마트폰 꿀팁 더보기

확인

실수로 [싫어요]( )버튼을 눌렀는데 취소할 수 없나요?

실수로 [좋아요]( ) 또는 [싫어요]( ) 버튼을 클릭했나요? 다시 한 번 클릭하면 바로 취소됩니다.

  내가 '좋아요' 눌렀던 동영상을 다시 보고 싶어요

[좋아요 표시한 동영상]을 클릭하면 내가 지금까지 '좋아요'를 눌렀던 동영상들을 한번에 확인할 수 있어요. 다시 보고 싶은 동영상들에 '좋아요'를 눌러 두면 번거롭게 다시 검색하지 않아도 편하게 시청 수 있겠죠?

재밌는 동영상은 같이 봐요! '공유하기'

다른 사람에게 보여주고 싶은 동영상이 있나요? PC 카카오톡을 이용해 상대방과의 '채팅방'에 동영상 링크 주소를 보내면 동영상을 공유할 수 있습니다

무작정 따라하기

1 동영상 아래쪽의 [공유] 버튼을 클릭합니다.

#스마트폰기초 #네이버앱 #네이버렌즈
스마트폰 꿀팁 ✿ 사진만 찍으면 무엇이든 확인할 수 있어요! 물건 정보 / 식물 이름 / 영어 간판, 메뉴 읽기

조회수 966회 • 2022. 3. 12. • 스마트폰 꿀팁 더보기

👍 74   👎 싫어요   ↪ 공유   ✂ 클립   ☰+ 저장   ⋯

클릭

2 새 창이 나타나면 동영상 링크를 확인할 수 있습니다.

❸ [복사] 버튼을 클릭하면 링크 주소가 자동으로 복사됩니다.

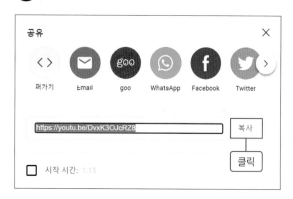

❹ PC 카카오톡을 실행하고 동영상을 보낼 채팅창을 열어
주세요.

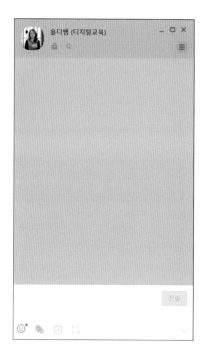

Tip | PC 카카오톡 실행 방법이 궁금하다면
오른쪽 큐알(QR)코드를 휴대폰으로 찍어 동영상을 확인해보세요. →

5 입력창에 마우스 커서를 놓고 마우스 오른쪽 버튼을 클릭한 후 [붙여넣기]를 클릭합니다. 복사된 동영상 링크 주소가 나타나면 [전송]을 클릭하세요.

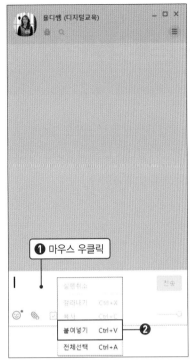

6 상대방이 동영상 링크 또는 이미지를 클릭하면 동영상을 바로 확인할 수 있습니다.

나만의 영상 보관함 '재생목록 만들기'

유튜브는 동영상 플랫폼이지만 유튜브를 통해 음악을 듣는 경우도 많습니다. 그런데 한 영상에 한 곡의 음악만 담겨 있는 경우, 끊김 없이 음악을 듣고 싶어도 하나의 동영상이 끝나면 다른 동영상을 선택해야 합니다. 너무 번거롭죠? 이런 경우 '재생목록'을 만들어 두면 내가 원하는 동영상을 이어서 볼 수 있습니다.

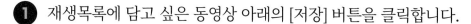

❶ 재생목록에 담고 싶은 동영상 아래의 [저장] 버튼을 클릭합니다.

2 새 창이 나타나면 [새 재생목록 만들기] 버튼을 클릭합니다.

3 '이름'을 입력하고 '공개 범위'를 설정합니다.

- **이름** : 150자까지 입력할 수 있습니다.
- **공개 범위 설정** : 공개 / 일부 공개 / 비공개 중 하나를 선택할 수 있습니다.
  ❶ 공개 : 모든 사람이 나의 재생목록을 확인할 수 있어요.
  ❷ 일부 공개 : 나의 재생목록의 링크를 공유받은 사람들만 확인할 수 있어요.
  ❸ 비공개 : 나만 확인할 수 있어요.

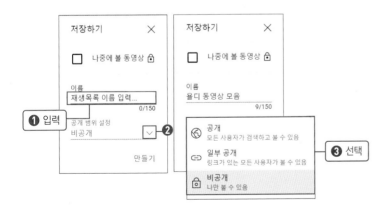

4 [만들기] 버튼을 클릭합니다.

5 ☰을 클릭하면 방금 만든 '욜디 동영상 모음' 재생목록을 확인할 수 있습니다. 클릭해 볼까요?

6 목록에 담긴 동영상을 모두 확인할 수 있습니다.

7 [모두 재생] 버튼을 클릭하면 재생목록에 담긴 모든 동영상을 차례로 볼 수 있습니다.

❽ 새로운 동영상을 재생목록에 추가할 때는 [저장] 버튼을 클릭한 후 만들어 둔 재생목록 중 하나를 클릭합니다.

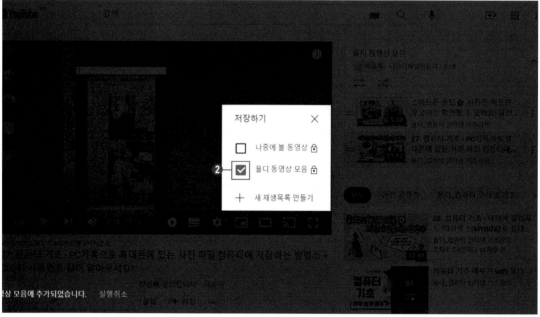

Tip | 이때 [새 재생목록 만들기]를 클릭하면 새로운 재생목록이 생성됩니다.

내 생각은… '댓글 달기'

동영상을 보고 '좋아요'나 '싫어요' 버튼을 클릭해서 느낌을 전달할 수 있지만 부족함이 느껴질 때가 있죠? 나의 감상을 구체적으로 표현하고 싶을 때는 댓글을 달아 보세요.

무작정 따라하기

1 동영상 아래쪽의 [댓글 추가]를 클릭합니다.

2 내용을 입력한 후 [댓글] 버튼을 클릭합니다.

❸ 추가된 댓글을 확인할 수 있습니다.

Q&A

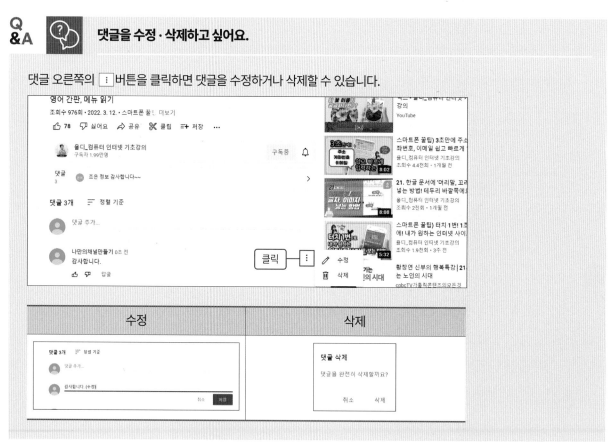

댓글을 수정 · 삭제하고 싶어요.

댓글 오른쪽의 ⋮ 버튼을 클릭하면 댓글을 수정하거나 삭제할 수 있습니다.

이모지(😊🤍👆🤍⭐)를 이용해서 눈에 띄는 댓글을 입력하고 싶어요!

❶ 글자를 입력할 때 키보드의 ⊞와 ⌐를 동시에 누릅니다.

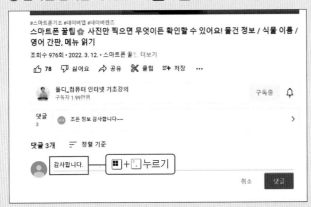

❷ 이모지를 선택할 수 있는 창이 나타납니다. 스마일 표시 버튼을 클릭하면 다양한 이모지를 선택할 수 있습니다.

❸ 내가 선택한 이모지가 나타난 것을 확인할 수 있습니다. 이모지 선택 창을 닫으려면 빈곳을 클릭하거나 [닫기] 버튼을 클릭하세요.

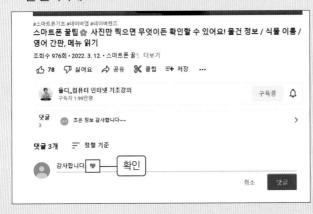

나도
유튜브
크리에이터!

유튜브의 다양한 동영상을 보다 보면 '나도 유튜브에 내 동영상을 올려보고 싶다.'라는 생각
해 본 적 있을 거예요. 그런데 막상 시작하기는 쉽지 않죠? '다른 유튜버들처럼 대단한 재주가
있는 것도 아닌데… 내가 뭘 할 수 있을까?' 생각만 하다가 포기하지 않았나요? 얼른 페이지
를 넘겨 다음 내용을 읽어 보세요. 여러분도 유튜브 크리에이터가 될 수 있어요!

나도 유튜버가 될 수 있을까?

 은지야 엄마도 유튜브에 동영상 올릴 수 있을까?

 그럼요! 유튜브에는 '누구나' 동영상을 업로드할 수 있어요!

 유튜브 동영상을 많이 보기도 하고, 내 또래의 사람들도 유튜브를 하는 걸 보니 '나도 유튜브에 동영상 올려 볼까?'라는 생각이 들어.

 와~ 울 엄마도 이제 유튜브 크리에이터가 되시는 건가요?

 그냥 생각만 해 봤어. 근데 내가 잘하는 게 없어서 사실 어떤 동영상을 찍어야 할지 모르겠어.

 왜 없어요! 요리도 잘하시고 화초도 예쁘게 잘 가꾸시잖아요!

 나보다 더 잘하는 사람이 얼마나 많은데. 그리고 촬영만 하는 게 아니잖니. 우리 딸이 유튜브 하는 걸 보니 동영상도 예쁘게 만들던데…. 엄마 또래의 유튜버들은 어떻게 동영상을 그렇게 잘 만들지? 다른 사람이 도와주는 걸까?

 남들과 비교할 필요 없어요. 그리고 동영상 편집은 엄마도 충분히 할 수 있어요! 물론 곁에서 도와주는 경우도 있지만 촬영, 편집까지 직접하는 중장년 유튜버들도 많거든요!

 내가 정말 할 수 있을까?

 유튜브를 시작할 용기를 얻을 수 있도록 멋진 시니어 유튜브 크리에이터를 소개해 드릴게요!

어떤 사람들이 '유튜브 크리에이터'가 되는 걸까요?

유튜브에 도전하고 싶다는 막연한 생각은 가지고 있는데, 어디서부터 시작해야 할지 막막한가요? 활발히 활동하고 있는 시니어 유튜브 크리에이터를 만나보고 유튜브에 도전할 용기를 얻어봅시다.

✔ 유튜브 크리에이터를 꿈꾸고 있다면?

유튜브 동영상을 시청하다보면 '나도 유튜브에 동영상 올려 보고 싶다!'라는 생각이 들곤 합니다. 그래서 유튜브 크리에이터 관련 책을 읽기도 하고 수업을 듣기도 해요. 유튜브 크리에이터 수업 시간에 "왜 유튜버가 되고 싶으신가요?"라고 질문하면 다음과 같은 다양한 답변을 만나게 됩니다.

"사랑하는 가족과의 추억을 동영상으로 남겨놓고 싶어요."
"은퇴 후 새로운 도전을 해보고 싶어요."
"그동안 경험한 지식을 다른 사람과 공유하고 싶어요."
"다들 유튜브를 한다는데 저도 유튜브가 무엇인지 알아보고 싶어요."
"유튜브로 수익을 얻고 싶어요." 등 여러 이유가 있습니다.

하지만 '젊은 사람들에게도 쉽지 않은 일인데 나이도 많고 컴퓨터를 잘 다루지 못하는 내가 과연 유튜버가 될 수 있을까?'하고 고민하고 주저하는 경우가 많습니다. 유튜브는 누구에게나 열려 있는 공간입니다. 특별한 사람이 아니라도, 좋은 카메라가 없어도 유튜브 크리에이터가 될 수 있어요.

누구나 처음에는 주저하고 망설이기 마련입니다. 자신의 장점을 살려 유튜브 채널을 운영하는 시니어 유튜브 크리에이터의 사례를 보며 용기를 얻어 봅시다.

✔ <차산선생법률상식>의 박일환 크리에이터를 만나 보세요!

유튜브를 통해 자신의 목소리를 내고 수많은 사람과 소통하는 멋진 시니어 크리에이터가 있습니다. 바로 대법관 출신 유튜버 1호로, <차산선생법률상식> 채널을 운영하고 있는 박일환 크리에이터입니다.

▲ <차산선생법률상식 > 채널을 운영 중인 박일환 크리에이터

"유튜브를 해보세요"

차산 선생님(박일환 변호사)은 서울민사지방법원 판사로 시작해 대법관을 역임하며, 2012년 퇴직 후 현재까지 '법무법인 바른'에서 고문 변호사로 활동하고 있습니다. 한평생 법밖에 모르던 차산 선생님은 2018년 말 딸의 권유로 유튜브를 시작하게 되었습니다.

"삼각대에 휴대폰을 끼우는 것부터 배워야 했어요"

처음에는 삼각대 다리를 늘릴 수 있다는 사실을 알지 못해 불편하게 촬영하기도 하고, 스마트폰으로 촬영한 동영상 파일을 옮기는 과정에도 애를 먹었습니다. 그러나 여러 시행착오를 거치며 하나씩 배워나간 결과, 지금은 촬영에 필요한 조명과 마이크 장비를 능수능란하게 다룰 수 있게 되었습니다.

"편집은 손이 둔해 그런지 쉽지 않았어요"

직접 동영상 편집을 해보려 했지만 쉽지 않아 딸이 대신 편집해주고 있습니다. 그러나 간단한 자막을 넣기만 할 뿐 편집을 최소화해 업로드합니다.

유튜버라면 촬영은 기본이고 동영상 편집까지 멋지고 재미있게 해야 한다고 생각하기 쉽지만, 유튜브의 동영상을 보다 보면 '이런 동영상이 인기가 있다고?'라며 놀랄 정도로 편집이 거의 되지 않은 동영상을 발견하기도 합니다. 채널 구독자 수가 많을 때도 있고요.

그 동영상을 자세히 보다 보면 끌리는 '매력'을 찾을 수 있습니다. 차산 선생님의 유튜브 동영상의 경우 화려한 편집은 없지만 차분한 어조로 생활과 밀접한 법률 상식을 쉽게 알려줍니다. 많은 사람에게 실질적인 도움을 줌으로써 큰 인기를 얻고 있죠.

그리고 자연을 벗 삼아 아름다운 배경 앞에서 촬영하기도 하고, 가끔 출연하는 손녀가 시청자에게 미소를 선물하기도 합니다. 이 채널의 또 다른 매력 포인트겠죠?

"시청자 대부분은 30대 이하, 팬들의 응원 댓글엔 ♥ 표시"

시니어 유튜브 채널이라고 해서 중장년 세대만 구독하고 동영상을 시청하는 건 아닙니다. 차산 선생님의 채널 시청자 연령 비율을 보면 30대 이하가 80%로, 젊은 층에게 많은 인기를 얻고 있습니다. 그리고 댓글엔 직접 ♥를 눌러 응원에 감사 표현을 하고 있으며 악플이 없는 '청정 구역' 채널로 유명합니다.

"<차산선생법률상식> 채널의 인기 동영상은?"

<차산선생법률상식> 채널에서는 일상 생활 속에서 마주칠 수 있는 법적 상황을 알기 쉽게 설명하는 동영상이 주로 업로드됩니다. 그중에서도 '진실을 밝히기 위한 비밀 녹음 정당한가?' 동영상은 11만 조회 수를 기록하며 큰 인기를 얻었습니다.

▲ 영상 바로 가기

"시니어 유튜버를 꿈꾸는 분들에게 전하고 싶은 한 마디"

"디지털 세상이 펼쳐지면서 우리는 유튜브라는 수단을 통해 자신을 자유롭게 표현할 수 있게 되었습니다. 과거의 경험을 한 편의 영상에 담아 수많은 사람과 소통하는 경험을 해 보기를 바랍니다. 여러분이 몰랐던 새로운 세계가 열릴 것입니다."

- 차산선생 박일환 변호사 -

내가 좋아하고 잘하는 것 찾아보기

유튜브를 시작하려면 가장 먼저 '어떤 동영상을 올려야 할까?'라는 고민을 마주하게 될 거예요. 어렵게 생각하지 마세요! 내가 평소 관심을 가지고 있는 분야에서 출발해 봅시다. 작은 것이라도 좋아요.

✔ 나의 관심사 들여다 보기

내 스마트폰 사진첩을 살펴볼까요? 어떤 사진과 동영상이 저장되어 있나요? 평소 내가 관심을 가지고 촬영한 것들을 떠올려 봅시다. 내가 요즘 어떤 주제에 흥미를 가지고 있는지 파악할 수 있어요.

특별한 주제를 찾지 않아도 돼요.
내가 좋아하는 것, 내가 잘하는 것, 그리고 내가 관심 있는 것들에 대해 생각해 보세요.
사랑하는 가족과 함께하는 즐거운 일상을 기록하는 것은 어떨까요? 평범한 하루하루라도 좋아요.

또는 오랜 시간 해오던 일의 노하우를 알려줄 수도 있습니다. 내게 특별한 재능이 없다는 생각은 금물! 뜨개질, 화분 기르기, 자전거 수리 등… 나에게는 너무나 쉬운 일이라고요? 누군가는 오늘도 유튜브에서 동영상을 검색하고 있을 수도 있어요.
내가 가진 경험과 노하우를 살려 많은 사람들에게 도움을 줄 수 있다니 멋지지 않나요? 숨겨뒀던 꿀팁을 널리널리 알려 봅시다.

✔ 직접 해 봐요!

스마트폰에 어떤 사진이나 동영상이 간직되어 있나요? 빈칸에 자유롭게 적어 보세요. 사람들을 매료시킬 멋진 콘텐츠가 될지도 몰라요!

오랫동안 해 온 일이나 즐겨 하는 취미 생활이 있나요? 어렵게 생각할 필요 없어요. 일상 속에서 익숙하게 해 온 일들을 떠올려 보고 다른 사람에게 노하우를 알려준다고 생각해 보세요. 내가 잘 하는 것! 아래 빈칸에 적어 볼까요?

유튜브 크리에이터 첫걸음
- 나만의 채널 만들기 -

 유튜브에 동영상을 올리려면 먼저 동영상부터 만들어야 하나?

 아니요~ 동영상을 만드는 것도 중요하지만 동영상을 업로드하려면 우선 엄마의 '채널'이 필요해요.

 채널? TV에 있는 것 같은 채널? 그런 걸 만들어야 해?

 그럼요~ 동영상을 채널에 올려야 다른 사람들이 볼 수 있거든요! 그래서 동영상을 만들기 전에 채널을 만들어 두는 거예요.

 채널 만들 때 돈을 내야 해? 너무 어려울 것 같아서 걱정되네.

 아니예요. 무료로! 아~주 간단하게! 엄마의 채널을 만들 수 있어요.

 그래? 그럼 우리 딸 믿고 한번 도전해 볼게!

 내 채널을 꾸미고 관리하는 법도 간단히 알려드릴게요! 이제 유튜브 크리에이터의 길에 한 발짝 가까이 갈 수 있어요.

오른쪽 QR 코드를 휴대폰으로 찍어 동영상 강의를 시청해 보세요. ▶

나만의 채널 만들기

유튜브에 동영상을 올리기 위해서 우선 내 '채널'을 만들어야 합니다.

무작정 따라하기

① 유튜브에 로그인되어 있지 않다면 '로그인' 합니다.

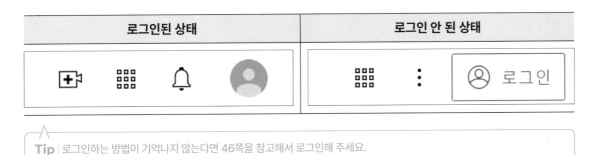

> **Tip** | 로그인하는 방법이 기억나지 않는다면 46쪽을 참고해서 로그인해 주세요.

② 프로필 아이콘을 클릭합니다. 설정에 따라서 동그라미 안에 글자 또는 사진이 들어가 있습니다.

3 [채널 만들기]를 클릭합니다.

4 [사진 업로드]를 클릭하여 프로필 사진을 업로드합니다.

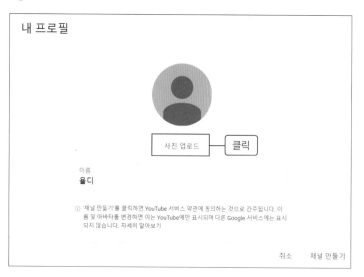

Tip | 업로드할 사진이 없다면 우선 프로필 사진을 설정하지 않아도 괜찮아요. 프로필 사진은 언제든 다시 변경할 수 있거든요.

5 원하는 사진 파일을 선택한 후 [열기]를 클릭합니다.

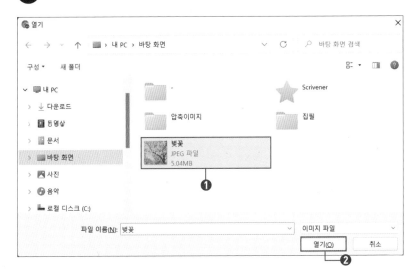

6 프로필 아이콘에 나타날 영역을 지정한 후 [완료]를 클릭합니다.

Tip 각 모서리의 네모를 드래그 앤 드롭하면 크기를 조절할 수 있습니다.

7 유튜브 채널 이름을 입력한 후 [채널 만들기] 버튼을 클릭합니다.

Tip | 채널 이름은 언제든 다시 변경할 수 있어요.

8 나만의 채널이 만들어졌습니다.

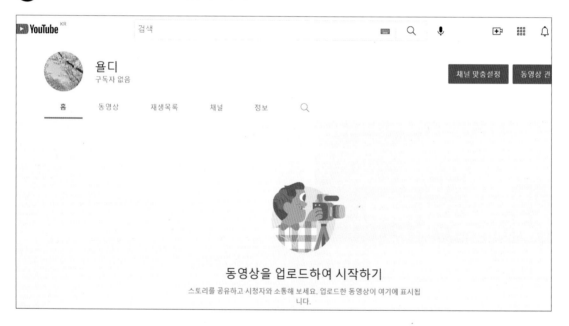

9 화면 오른쪽 위의 프로필 사진을 클릭하면 [내 채널] 메뉴를 확인할 수 있습니다.

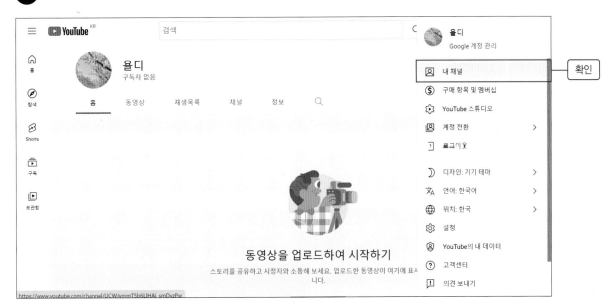

채널의 기본 정보 설정하기

막 만들어진 채널은 텅 비어 있는 상태입니다. 프로필 사진, 배너를 등록해 나만의 채널을 꾸며 봅시다.

처음 만들어진 채널을 보면 뭔가 허전해 보입니다. 다른 채널과 비교해서 살펴볼까요?

내 채널	타 채널

아직 채널을 꾸미지 않았고 동영상도 업로드하지 않았기 때문에 밋밋해 보이는 것이 당연합니다. 이사 온 당일 집안이 텅 비어 있는 것과 마찬가지예요. 이제 내 채널을 하나씩 채워 봅시다.

✔ 프로필 사진 변경하기

프로필 사진을 등록하지 않으면 원 안에 이름만 나타납니다. 멋진 사진을 골라 내 채널의 얼굴과 같은 프로필 사진을 설정해 봅시다.

프로필 사진 등록 전	프로필 사진 등록 후

> Tip | 108쪽에서 프로필 사진을 이미 등록했다면 이 과정은 건너뛰어도 되겠죠? 프로필 사진을 수정하고 싶을 때 이 페이지를 다시 한번 펼쳐 보세요!

① [채널 맞춤설정]을 클릭합니다.

② 새 창이 나타나면 [계속]을 클릭합니다.

③ [브랜딩]을 클릭한 후 '사진'의 [업로드]를 클릭합니다.

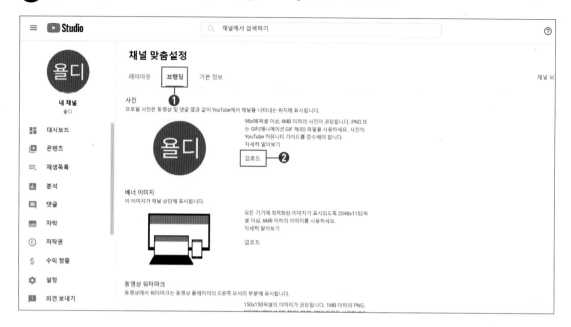

④ 사진 파일을 선택한 후 [열기]를 클릭합니다.

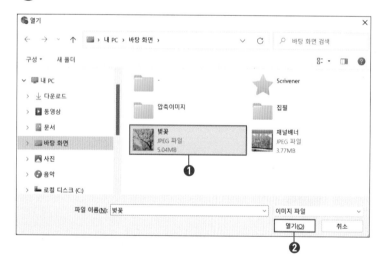

5 프로필 아이콘에 나타날 영역을 지정한 후 [완료]를 클릭합니다.

Tip | 각 모서리의 네모를 드래그 앤 드롭하면 크기를 조절할 수 있습니다.

6 [게시]를 클릭하면 채널에 적용됩니다.

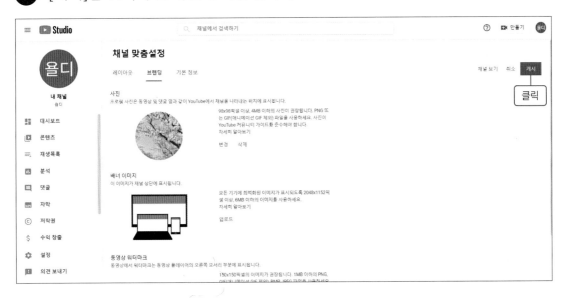

✔ 채널 배너 이미지 추가하기

채널 이름 상단에 이미지 파일을 넣어서 채널을 꾸밀 수 있습니다. 배너 이미지는 주로 채널 이름과 간단한 소개가 들어가도록 제작합니다. 우선 이미 가지고 있는 이미지를 업로드하는 방법을 알아보겠습니다.

채널 배너 등록 전	채널 배너 등록 후

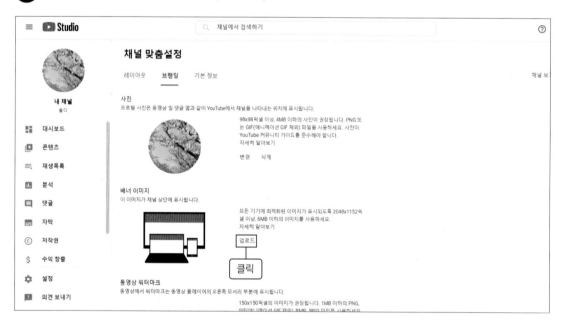

무작정 따라하기

① 이번에는 '배너 이미지'의 [업로드]를 클릭합니다.

② 이미지 파일을 선택한 후 [열기]를 클릭합니다.

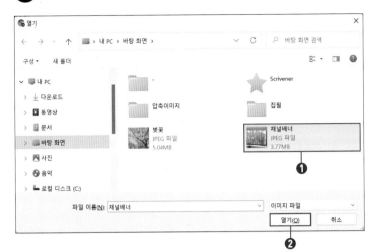

③ 이미지 중 배너로 보여질 영역을 지정하고 [완료]를 클릭합니다.

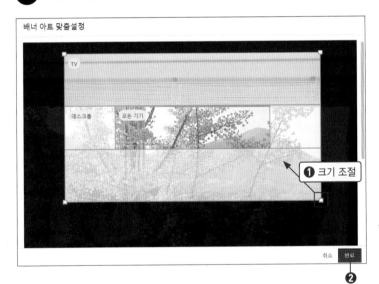

Tip │ 각 모서리의 네모를 드래그 앤 드롭하면 크기를 조절할 수 있습니다.

④ [게시]를 클릭한 후 [채널 보기]를 클릭하면 변경된 배너 이미지를 확인할 수 있습니다.

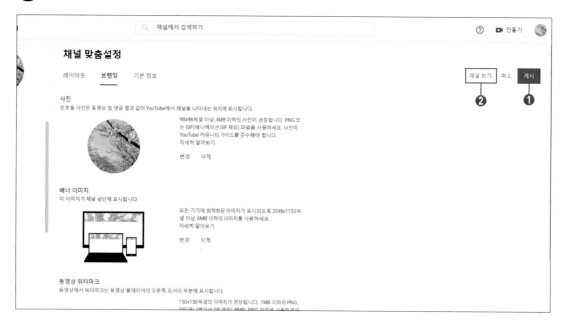

✔ 채널 기본 정보 입력하기

채널 이름을 변경하고 내 채널을 소개하는 글을 입력해 봅시다.

무작정 따라하기

❶ [기본 정보]에 들어가 채널 이름 옆의 ✏️을 클릭하면 채널 이름을 변경할 수 있습니다.

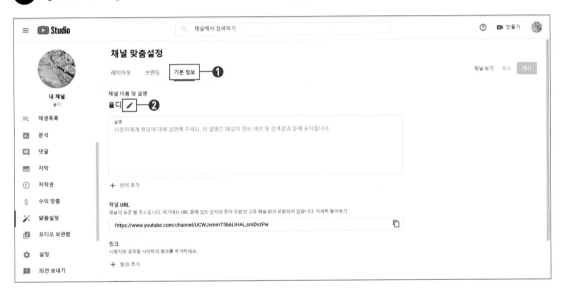

> **Tip** | 'YouTube' 스튜디오에 접속하려면 프로필 사진을 클릭한 후 [내 채널] – [채널 맞춤설정]을 클릭했었죠?

❷ 원하는 채널 이름으로 변경합니다.

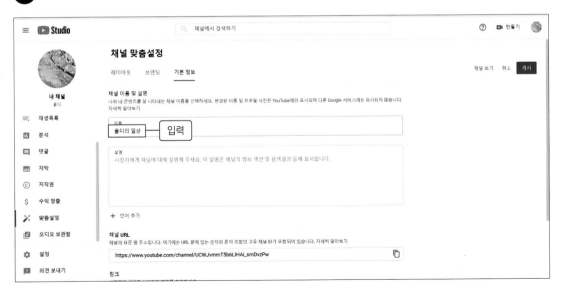

3 시청자들에게 나의 채널을 소개해 봅시다. 설명 박스를 클릭한 후 소개 글을 입력합니다.

> **Tip** | 설명 글은 1,000자까지 입력할 수 있어요.

4 [게시]를 클릭하면 기본 정보가 변경됩니다.

5 채널 홈으로 돌아가서 화면 상단의 [정보] 탭을 클릭하면 채널 소개를 확인할 수 있습니다.

✔ 채널 홈 화면 '레이아웃' 설정하기

채널 홈에서 보이는 동영상을 설정할 수 있습니다. 즉, 내 채널을 방문한 사람들에게 가장 먼저 보이는 동영상을 선택하는 등 화면의 구성을 자유롭게 설정할 수 있답니다.

 Q&A **채널 맞춤설정을 하려면 동영상이 업로드되어 있어야 해요.**

채널 홈 레이아웃을 설정하려면 우선 동영상을 업로드해야 합니다. 아직은 채널에 업로드된 동영상이 없기 때문에 '채널 홈' 화면에 [동영상 업로드] 버튼만 보입니다.
먼저 181쪽을 참고하여 동영상을 업로드한 후에 천천히 따라해 보세요!

채널 홈 화면 가장 위에 보이는 동영상을 설정해 볼까요?

 **무작정 따라하기**

❶ 우선 '비구독자 대상 채널 트레일러'의 [추가]를 클릭합니다.

- **비구독자 대상 채널 트레일러**: 아직 내 채널을 구독하지 않은 사용자가 채널 홈에 방문했을 때 보이는 동영상을 추가할 수 있습니다.
- **재방문 구독자 대상 추천 동영상**: 구독자에게 추천하고 싶은 동영상을 추가할 수 있습니다.

2 추가할 동영상을 선택합니다.

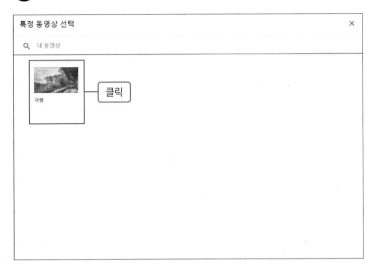

Tip | 이미 업로드되어 있는 동영상만 선택할 수 있습니다.

3 [게시]를 클릭하여 완료합니다.

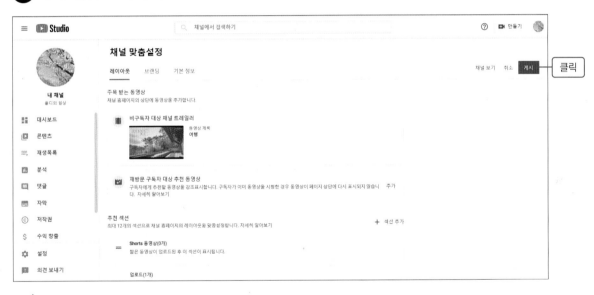

Tip | 같은 방법으로 [재방문 구독자 대상 추천 동영상]도 추가할 수 있어요.

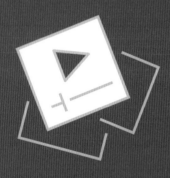

나만의 영상
만들기!

유튜버가 되려면 나만의 동영상이 있어야 합니다. 다시 막막해졌나요? 그런데 여러분은 이미 멋진 동영상을 가지고 있어요. 여러분의 스마트폰 속에 차곡차곡 저장되어 있습니다. 스마트폰만 있으면 동영상 촬영부터 편집까지 뚝딱 완성할 수 있답니다. 어렵지 않아요. 스마트폰 촬영 꿀팁부터 동영상을 멋지게 다듬는 방법까지! 무작정 따라하다 보면 나만의 동영상이 완성되어 있을 거예요.

동영상을 찍으려면
카메라를 사야 하나요?

 '평소처럼 동영상을 찍긴 했는데 뭔가 맘에 안 들어.'
은지야~ 엄마가 찍은 동영상 좀 봐 줄래?

 네~ 보여 주세요!

 어때? 스마트폰으로 촬영해서 그런지 화면도 좀 흐리게 보이는 것 같고… 디지털카메라를 사야 할까?

 아니요. 스마트폰으로 충분해요! 저도 스마트폰으로 촬영해서 유튜브에 올리잖아요.

 그래? 그럼 내가 잘 못 찍어서 그런가? 맘에 안 들어.

 음, 엄마 스마트폰을 보니 카메라 렌즈에 지문이 많이 찍혀 있네요? 그래서 화면이 흐리게 보일 수도 있어요. 촬영할 때 초점이 맞지 않았을 수도 있고요.

 스마트폰 카메라 문제가 아니구나! 지금까지는 그냥 촬영 버튼만 눌렀는데. 렌즈나 초점도 신경을 써야 하네.

 기본적인 카메라 앱 기능을 익히고 몇 가지 촬영 팁만 알아두시면 충분히 멋진 동영상을 촬영할 수 있어요.

 그럼 얼른 알려줄래? 다음 동영상은 제대로 찍어 보겠어!

만능 장비 '스마트폰'만 있으면 충분해요!

카메라 없이도 충분히 유튜브 동영상을 촬영할 수 있어요! 언제든 나와 가장 가까운 곳에 있는 스마트폰을 활용해 봅시다.

✔ 가장 좋은 도구 스마트폰!

동영상을 촬영하려면 '카메라'가 꼭 필요합니다. 그렇다면 디지털카메라를 사야 할까요? 아닙니다. 여러분도 지금 당장 동영상을 촬영할 수 있는 카메라를 가지고 있어요. 바로 '스마트폰'입니다.

요즘에는 스마트폰에 내장된 카메라의 성능이 좋아졌기 때문에 스마트폰만 있어도 디지털 카메라 못지않게 근사한 동영상을 촬영할 수 있습니다. 카카오톡의 프로필이나 각종 SNS를 살펴보아도 스마트폰으로 촬영한 멋진 사진과 동영상을 많이 볼 수 있어요.

또한 스마트폰은 아침에 눈을 뜨는 순간부터 잠들기 직전까지 나와 가장 가까운 곳에 있습니다. 마음만 먹으면 언제든 '바로' 촬영할 수 있죠. 중요한 순간을 놓치지 않고 동영상에 담을 수 있다는 것은 매우 큰 장점입니다.

자! 그럼 스마트폰으로 동영상을 촬영해 볼까요?

그런데 생각보다 쉽지 않습니다. 다른 사람들에게 보여줄 동영상이기 때문에 좀 더 예쁘고 멋지게 촬영하고 싶거든요. 어떻게 하면 완성도 높은 영상을 촬영할 수 있을까요?

처음에는 어렵게 느껴질 수 있지만, 스마트폰 카메라는 전문가용 카메라만큼 복잡하지 않아요. 우리에게 익숙한 기기이기 때문에 간단한 설정 방법과 동영상 촬영 기본기만 익히면 충분히 좋은 동영상을 촬영할 수 있습니다. 결과물이 '확' 달라지는 촬영 팁, 지금 바로 만나 봅시다.

✔ 스마트폰의 카메라 앱 살펴보기

안드로이드 스마트폰의 기본 '카메라' 앱을 실행해 여러 기능을 살펴봅시다.

▲ 카메라 앱 버전 12.2.03.20 기준

❶ 동영상 크기

동영상 크기를 설정할 수 있습니다.

❷ 비율

촬영하는 동영상의 세로와 가로 비율을 설정할 수 있습니다.

❸ 플래시

플래시를 켜거나 끌 수 있습니다.

❹ 설정

카메라의 설정값을 확인하고 변경할 수 있습니다.

❺ 촬영 모드 선택

사진, 인물 사진, 동영상, 하이퍼랩스 등 다양한 촬영 모드를 선택할 수 있습니다.

> **Tip** | '더보기'를 통해 촬영 모드를 추가할 수 있어요.

⑥ 전면/후면 카메라 전환

촬영할 때 전면 카메라를 사용할지 후면 카메라를 사용할 것인지 선택할 수 있습니다.

⑦ 촬영

버튼을 누르는 순간 사진 또는 동영상이 촬영됩니다.

⑧ 갤러리 앱

촬영된 사진이나 동영상을 확인할 수 있습니다.

Q&A 스마트폰 동영상 촬영 시 주의사항이 있나요?

스마트폰으로 동영상 촬영을 하기 전에 스마트폰을 점검해 봅시다.

- **배터리 상태**: 동영상을 촬영하면 배터리가 빨리 소모됩니다. 동영상을 오래 촬영하는 경우가 많으므로 스마트폰을 미리 100%로 충전해 놓는 것이 좋습니다. 보조 배터리를 준비해도 좋겠죠?
- **저장 공간**: 동영상을 공들여 찍었는데, 스마트폰 저장 공간이 부족해 저장되지 않는다면 속상하겠죠? 동영상을 안전하게 저장하려면 스마트폰의 저장 공간을 넉넉하게 확보해 두는 것이 좋습니다.

[설정] 앱에 들어가 [배터리 및 디바이스 케어]을 터치하면 '저장공간'에서 스마트폰의 저장 공간이 얼마나 남아 있는지 확인할 수 있습니다. 저장 공간이 부족하다면 사진첩에 들어가 용량을 많이 차지하는 동영상을 삭제해 보세요.

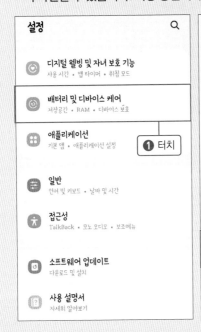

멋진 동영상 촬영 꿀팁!

이제 본격적으로 동영상을 촬영해 보겠습니다. 완성도 높은 결과물을 얻기 위해 놓쳐선 안 되는 팁을 골라 소개합니다.

✔ 카메라 렌즈 닦기

스마트폰은 항상 지니고 다니는 물건이기 때문에 나도 모르게 카메라 렌즈에 손이 닿아 지문이 찍히거나 이물질이 묻을 수 있습니다. 이 상태에서 촬영하면 결과물이 뿌옇게 보이죠. 따라서 촬영하기 전에 먼저 카메라 렌즈를 깨끗이 닦는 것이 중요합니다.

렌즈 닦기 전 촬영	렌즈 닦은 후 촬영

✔ 수평과 수직 맞추기

아래 두 사진 중 어떤 사진이 안정적으로 보이나요?

수평이 맞지 않는 사진	수평이 잘 맞는 사진

대부분 두 번째 사진을 볼 때 편안함을 느낄 거예요. 그 이유는 두 번째 사진이 피사체와 배경의 수평/수직을 고려하여 촬영한 결과물이기 때문입니다. 수평과 수직을 쉽게 맞춰 촬영할 수 있도록 카메라를 설정해 봅시다.

미니 사전 **피사체**

촬영 대상이 되는 사람이나 물체를 피사체라고 합니다.

1 카메라 앱의 [설정]을 터치합니다.

터치

2 [수직/수평 안내선]의 버튼이 '끔' 상태라면 한 번 터치해 '켬' 상태로 변경합니다.

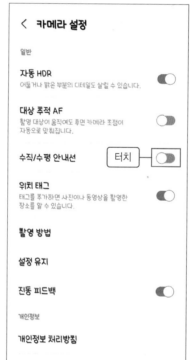

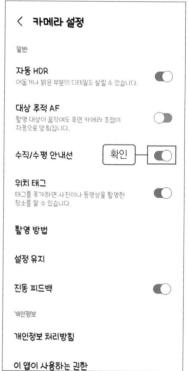

③ [뒤로](<)를 눌러 카메라 앱으로 돌아갑니다.

터치 — < **카메라 설정**

일반

자동 HDR
어둡거나 밝은 부분의 디테일도 살릴 수 있습니다.

대상 추적 AF
촬영 대상이 움직여도 화면 터치하면 카메라 초점이
자동으로 맞춰집니다.

수직/수평 안내선

위치 태그
태그를 추가하면 사진이나 동영상을 촬영한
장소를 알 수 있습니다.

촬영 방법

설정 유지

진동 피드백

개인정보

개인정보 처리방침

이 앱이 사용하는 권한

④ 수직, 수평 안내선을 확인할 수 있습니다. 안내선을 참고해 동영상이 한쪽으로 기울어지지 않도록 촬영해 보세요.

✔ 초점 확인하기

초점이 맞지 않으면 피사체가 흐리게 보입니다. 피사체가 선명하게 찍히도록 초점을 피사체에 맞춰야 합니다.

초점이 맞지 않은 사진	초점이 잘 맞은 사진

무작정 따라하기

1 초점이 맞지 않아 피사체가 흐리게 보입니다.

② 초점을 맞출 부분을 터치하면 초점 영역이 지정되면서
피사체가 선명해집니다.

✔ 한 방향으로 일관성 있게 촬영하기

유튜브 채널에 업로드할 동영상은 가로가 길고 세로가 짧은 동영상입니다. 그래서 주로 화면 비율을 '16:9'로 설정한 상태에서 스마트폰을 가로로 들고 촬영합니다.

그런데 촬영 도중 높은 지형지물을 만나게 될 때가 있습니다. 이런 경우 가로 화면에 모두 담을 수 없어서 카메라를 세로로 돌리는 경우가 많습니다. 이렇게 가로, 세로 영상을 섞어 촬영하면 시청자가 어지러움을 느낄 뿐만 아니라 동영상을 편집할 때 동영상 좌우에 검은색의 여백이 생깁니다. 따라서 특별한 의도가 없다면 한 방향으로 통일하여 촬영하는 것이 좋습니다.

가로, 세로 혼합 촬영	가로, 세로 동영상 편집 시	가로 촬영
▣	▣	▣

유용한 촬영 장비 알아보기

더 완성도 높은 동영상을 촬영하고 싶은가요? 몇 가지 촬영 보조 도구를 갖추면 결과물의 완성도가 훨씬 높아집니다.

1 삼각대

스마트폰을 손에 쥐고 촬영하니 동영상이 심하게 흔들린 경험이 있지는 않나요? 삼각대를 이용하여 스마트폰을 고정해 두면 동영상을 안정적으로 촬영할 수 있습니다. 또한 혼자서 자신의 모습을 촬영할 때도 아주 유용합니다.

여러 장소를 이동하면서 촬영할 때는 크기가 작고 휴대가 간편한 셀카봉 겸용 삼각대를 사용해 보세요. 안정적인 구도로 촬영할 수 있습니다. 촬영 방식에 따라 적절한 삼각대를 선택해 사용합니다.

고정 촬영 (삼각대)	이동 시 촬영 (셀카봉+삼각대)

2 조명

실내에서 촬영할 때 빛이 충분하지 않으면 그림자가 생기거나 화면이 선명하지 않게 보입니다. 이런 경우 조명을 활용하여 밝기를 조절하면 좋습니다. 집에 있는 무드 등이나 조명을 이용해서 다양한 분위기로 촬영해 봅시다.

조명 없음	무드 등	LCD 조명

Q&A **조명의 종류가 궁금해요**

- **LED 조명** : 전문 스튜디오 조명에 비해 저렴하며, 전구가 없어 뜨겁지 않고 빛의 온도와 폭을 조절하기 쉽습니다.
- **링라이트** : 링 형태의 조명입니다. 링의 중심에 스마트폰을 부착할 수 있어 인물 촬영 시 많이 사용합니다.

LED 조명	링라이트	무드 등

촬영한 동영상을
예쁘게 꾸미고 싶어요!

 와~ 예쁜 동영상 정말 많이 촬영하셨네요!

 응~ 스마트폰으로 동영상을 많이 찍어두긴 했는데… 이 부분은 좀 별로네, 다시 찍어야 할까?

 아니요! 편집해서 그 부분만 삭제하면 돼요!

 편집? 너무 어려울 것 같은데. 컴퓨터로 편집해야 해? 컴퓨터는 아직 능숙하지 않거든.

 스마트폰으로도 충분히 편집할 수 있어요.

 그래? 스마트폰은 그래도 익숙하니까 할 수 있을 것 같아.

 그럼요! 충분히 할 수 있어요. 처음부터 여러 기능을 한 번에 배울 필요는 없어요. 불필요한 부분 삭제하기, 자막, 음악 넣기 같은 기본 편집 방법만 익혀도 멋진 동영상을 만들 수 있어요.

 그런데 스마트폰 화면이 너무 작아서 답답할 것 같아.

 그럼 컴퓨터로 동영상 편집하는 방법도 아주 쉽게 알려드릴게요.

 역시 우리 딸! 잘 부탁합니다. ^^

 멋지고 예쁜 동영상 만들기 시작해 볼까요~

오른쪽 큐알(QR)코드를 휴대폰으로 찍어 저자 강의 영상을 확인해보세요. ▶

스마트폰 영상 편집 앱 '키네마스터'

'키네마스터' 앱은 무료로 사용할 수 있는 스마트폰 영상 편집 앱입니다. 스마트폰으로 동영상을 예쁘고 멋지게 꾸며봅시다.

✔ 키네마스터 앱 설치하기

스마트폰의 '운영체제'에 따라 앱을 설치하는 방법이 다릅니다. 'iOS' 운영체제인 아이폰을 제외한 스마트폰 대부분은 '안드로이드' 운영체제입니다. 여러분이 많이 사용하는 삼성의 '갤럭시' 스마트폰 역시 '안드로이드' 운영체제를 사용합니다. 운영체제에 맞는 큐알(QR) 코드를 휴대폰 카메라로 비춰 앱을 설치합니다.

키네마스터는 무료로 사용할 수 있는 앱입니다. 단, 무료 버전인 경우 편집이 완료된 동영상 상단에 워터마크가 삽입됩니다.

▲ '키네마스터' 앱 무료 버전으로 만든 동영상에 표시되는 워터마크

'키네마스터 프리미엄'을 유료료 결제하면 동영상에 워터마크가 보이지 않습니다. 템플릿, 특수 효과를 전부 이용할 수 있고요. 하지만 기본적인 템플릿과 특수 효과는 무료 버전에서도 충분히 활용할 수 있으니 이 책에서는 무료 버전으로 설명하겠습니다. 편집 연습을 충분히 한 후, 필요하다고 생각되면 유료료 결제해서 활용해도 좋습니다.

✔ 키네마스터 앱 실행하기

① 스마트폰에 설치한 키네마스터 앱을 실행해 봅시다. 앱
목록에서 '키네마스터' 앱을 찾아 터치합니다.

② 이용 안내를 확인하고 [확인]을 터치합니다.

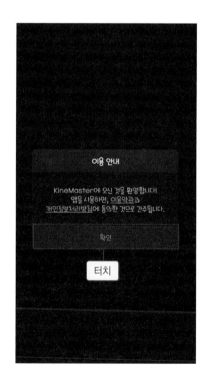

③ 키네마스터 앱의 [만들기] 화면이 나타납니다.

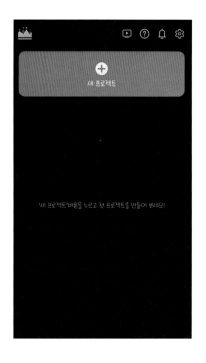

 Q &A **[만들기] 화면이 안 보이고 키네마스터 프리미엄 광고가 나타나요**

키네마스터를 실행했는데 [만들기] 화면 대신에 광고가 나타난다고요?
화면 아래의 메뉴 중 [만들기] 메뉴를 터치해보세요.

그리고 앱을 사용하다 보면 가끔 키네마스터 프리미엄 광고가 나타납니다.
왼쪽 상단의 [닫기](X)를 터치하면 결제하지 않고 무료로 사용할 수 있어요.

'키네마스터' 작업 화면 살펴보기

'키네마스터' 앱의 편집 화면을 구석구석 살펴보며 친해져 봅시다.

✔ 키네마스터에 동영상 또는 사진 불러오기

무작정 따라하기

1 편집할 동영상 또는 사진 파일이 준비되었다면 [새 프로젝트]를 터치합니다.

> **Tip** | '부록'에서 제공되는 동영상과 사진 파일을 활용해 예제를 따라해 보아도 좋아요.

2 프로젝트 이름을 입력해 봅시다. 입력 박스를 터치하면 키보드가 나타나 글씨를 쓸 수 있습니다.

142

❸ 동영상을 업로드할 플랫폼에 적합한 화면 비율을 선택합니다. 유튜브에 업로드할 동영상이기 때문에 [16:9]를 터치합니다.

> - **유튜브** : 일반적인 동영상의 경우 [16:9], Shorts 동영상의 경우 [9:16] 비율 선택
> - **인스타그램** : [1:1] 또는 [4:5] 비율 선택

❹ '이름'과 '화면 비율'이 다 정해졌다면 선택한 후 [만들기]를 터치합니다.

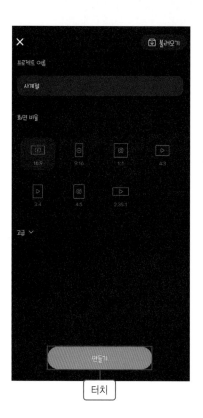

⑤ 스마트폰의 동영상, 사진, 오디오 파일을 활용하고 편집한 동영상을 저장할 수 있도록 [허용]을 터치합니다.

⑥ 편집할 동영상 또는 사진 파일을 순서대로 선택합니다. 스마트폰으로 촬영한 모든 파일을 확인할 수 있습니다.

Tip | 여러 파일을 선택하여 추가할 수 있어요.

7 사진과 동영상을 전부 선택했다면 [닫기](❌)를 터치합니다.

8 편집 작업 화면이 나타납니다.

✔ 키네마스터 작업 화면 살펴보기

동영상 편집 작업을 할 때 필요한 메뉴를 살펴봅시다.

❶ 시작 화면

키네마스터 앱의 시작 화면으로 이동합니다.

❷ 이전 단계

방금 실행한 편집 작업을 취소합니다.

❸ 다음 단계

취소한 작업을 다시 되돌릴 수 있습니다.

❹ 캡처

미리보기에 보이는 화면을 캡처합니다.

❺ 프로젝트 설정

오디오, 동영상, 편집과 관련된 환경을 설정할 수 있습니다.

❻ 타임라인 확장 및 축소

미리보기 화면과 타임라인 화면의 위치와 크기를 변경할 수 있습니다.

❼ 타임라인 위치 이동

플레이헤드가 타임라인 맨 뒤로 이동합니다.

❽ 미리보기

플레이헤드가 위치한 부분의 동영상 화면을 확인할 수 있습니다.

❾ 워터마크 삭제

키네마스터 앱을 무료로 사용하면 워터마크가 추가됩니다. 휴지통 아이콘을 터치한 후 유료 결제를 하면 워터마크를 제거할 수 있습니다.

❿ 미디어 휠

- **미디어**: 스마트폰에 저장된 동영상 또는 사진 추가
- **오디오**: 음악, 효과음, 녹음 파일 등 추가
- **레이어**: 미디어, 효과, 스티커, 텍스트, 손글씨 추가
- **녹음**: 동영상에 사용할 음성 파일을 직접 녹음

⓫ 저장 및 공유

편집한 동영상을 저장 또는 공유할 수 있습니다.

⓬ 에셋 스토어

키네마스터에서 제공하는 다양한 음악, 템플릿 및 효과를 다운로드할 수 있습니다.

⓭ 재생

지금까지 만든 동영상이 재생됩니다.

⓮ 타임라인

추가한 미디어(동영상, 사진, 오디오 등)와 다양한 효과를 배치할 수 있습니다.

⓯ 플레이헤드

플레이헤드 위치의 동영상을 미리보기에서 확인할 수 있습니다.

'키네마스터'로 동영상 편집 시작하기

'키네마스터' 앱을 살펴보았다면 본격적으로 동영상을 편집해 봅시다.
큐알(QR)코드를 스마트폰 카메라로 비춰 '편집연습동영상' 파일을 다운로드할 수 있습니다.

✔ 특정 부분 잘라내기

동영상에서 불필요한 부분을 삭제해 봅시다.
위의 큐알(QR) 코드를 통해 다운로드한 '편집연습동영상' 파일을 재생해 보면 봄, 여름, 가을, 겨울 순서로 사계절을 나타내는 사진이 나타납니다. 그런데 동영상 중간에 '강아지', 끝부분에 '고양이' 사진이 들어가 있네요? 이 부분을 삭제해 봅시다.

무작정 따라하기

① 타임라인을 터치한 후 좌/우로 드래그하면 플레이헤드의 위치를 변경할 수 있습니다.

2 미리보기 화면을 보면서 '강아지' 사진이 나오기 직전에 플레이헤드를 맞춥니다.

  미리보기 화면과 플레이헤드가 위치한 타임라인의 화면이 왜 다르게 보이죠?

플레이헤드가 '여름' 부분에 있는데 왜 미리보기 화면에는 '강아지'가 보이는 걸까요? 미리보기 화면에서 플레이헤드가 위치한 부분의 화면을 확인할 수 있다고 했는데 말이죠. 안타깝게도 아래 타임라인에서 보이는 부분이 미리보기 화면과 100% 일치하지 않을 때도 있어요. 편집할 때는 '미리보기'에 보이는 화면을 기준으로 위치를 지정해 주세요.

5

나만의 동영상 만들기

3 타임라인의 동영상 클립을 터치하면 동영상과 관련된 편집 메뉴들이 나타납니다.

> Tip | 선택된 클립의 테두리는 노랗게 표시됩니다.

4 [트림/분할](✂)을 터치합니다.

5 플레이헤드가 위치한 동영상 부분을 자르기 위해 [분할]을 터치합니다.

> **Tip** | 잘라낼 동영상 클립의 위치에 따라 자르기 방법 중 한 가지를 선택할 수 있습니다.
> • **왼쪽 트림**: 플레이헤드를 기준으로 왼쪽의 동영상을 모두 삭제합니다.
> • **오른쪽 트림**: 플레이헤드를 기준으로 오른쪽의 동영상을 모두 삭제합니다.
> • **분할** : 플레이헤드를 중심으로 동영상을 둘로 나눕니다.
> • **분할 및 정지화면 삽입**: 플레이헤드를 중심으로 동영상을 둘로 나눈 후 미리보기에서 보이는 화면을 두 영상 사이에 이미지로 추가합니다.

6 동영상이 둘로 분할되었습니다.

7 미리보기 화면을 보면서 '가을' 사진이 나오기 직전에 플레이헤드를 맞춥니다.

8 잘라낼 부분의 동영상 클립을 터치한 후 [트림/분할](✂)을 터치합니다.

⑨ 플레이헤드를 기준으로 왼쪽 부분의 동영상을 모두 삭제하기 위해서 [왼쪽 트림]을 터치합니다.

⑩ '강아지' 사진 부분이 삭제되었습니다.

✔ 자막 추가하기

동영상에 자막을 삽입해 봅시다. 내가 원하는 위치에 자막을 넣고 꾸밀 수 있습니다.

무작정 따라하기

① 타임라인의 빈 곳을 터치한 후 드래그하여 자막(텍스트)을 추가할 지점에 플레이헤드를 맞춥니다.

② [레이어] - [텍스트]를 차례대로 터치합니다.

3 '사계절'을 입력한 후 [확인]을 터치합니다.

4 타임라인에 텍스트 레이어가 추가되며 미리보기 화면에 자막이 나타납니다.

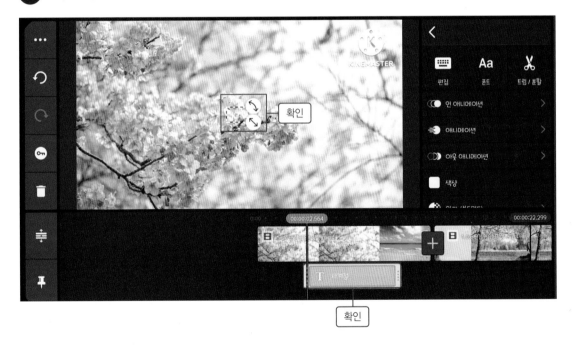

5 텍스트 색을 변경하기 위해 [색상]( )을 터치합니다.

> **Tip** | 이때 타임라인에서 자막 레이어가 선택되어 있어야 합니다.

6 팔레트에서 원하는 색을 선택한 후 ✔를 터치합니다.

7 텍스트 색상이 변경되었습니다.

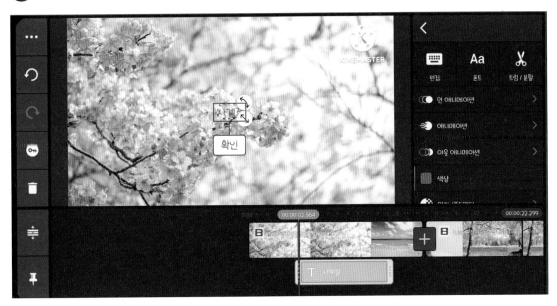

8 텍스트 경계선의 [크기 조절]( )을 끌면 크기를, [회전]( )을 끌면 기울기를 조절할 수 있습니다.

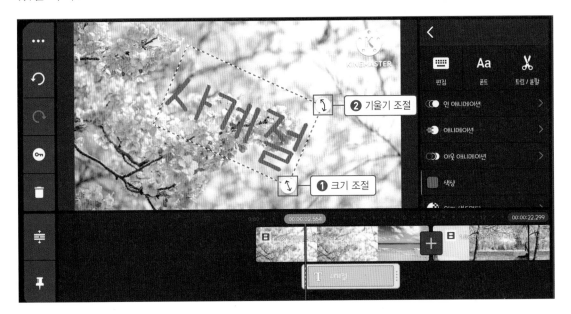

9 미리보기 화면의 텍스트를 손으로 끌면 위치를 변경할 수 있습니다.

✔ 오디오 추가하기

동영상에 음악을 넣어 봅시다.

무작정 따라하기

1 음악을 추가할 지점에 플레이헤드를 맞춥니다.

2 [오디오]를 터치합니다.

3 [음악 에셋 받기]를 터치합니다.

나만의 동영상 만들기!

4 다양한 음악을 다운로드할 수 있습니다. 음악 제목 옆의 [재생]( )을 누르면 음악이 재생됩니다.

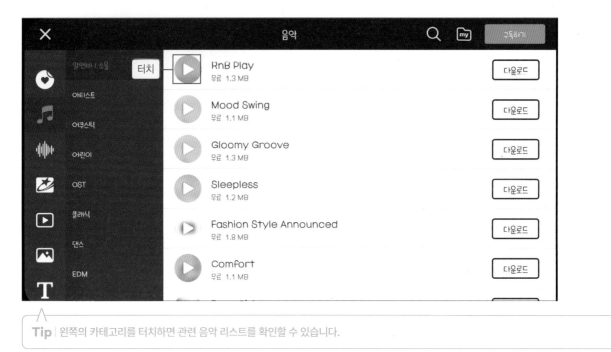

> **Tip** 왼쪽의 카테고리를 터치하면 관련 음악 리스트를 확인할 수 있습니다.

5 [다운로드]를 터치하여 선택한 음악을 저장한 후 ⊠를 터치합니다.

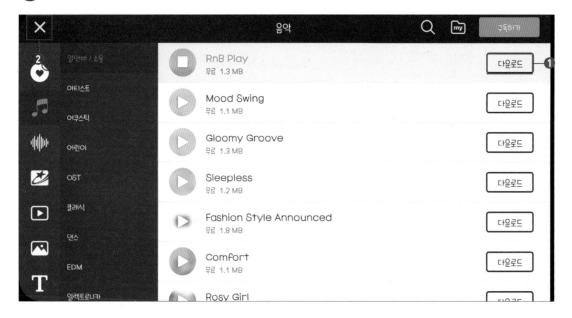

6 저장한 음악을 터치한 후[추가](+)를 눌러 음악을 추가합니다.

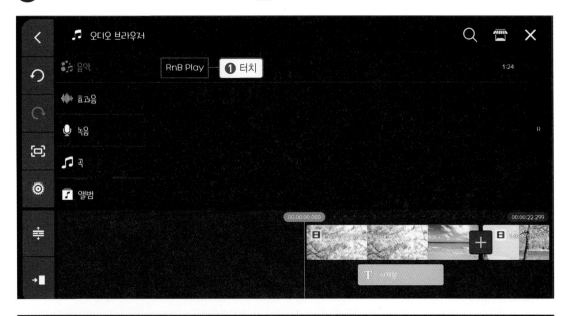

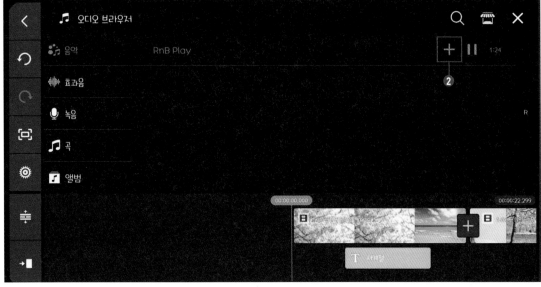

7 [닫기](X)를 터치해 편집 화면으로 돌아갑니다.

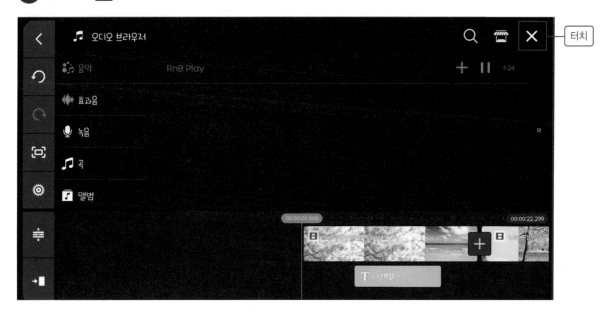

8 타임라인에 음악이 추가되었습니다.

✔ 동영상 저장하기

편집한 동영상을 스마트폰에 저장하고 공유해 봅시다.

무작정 **따라하기**

1 [저장 및 공유](📤)를 터치합니다.

2 해상도, 프레임레이트를 설정한 후 [동영상으로 저장]을 터치합니다.

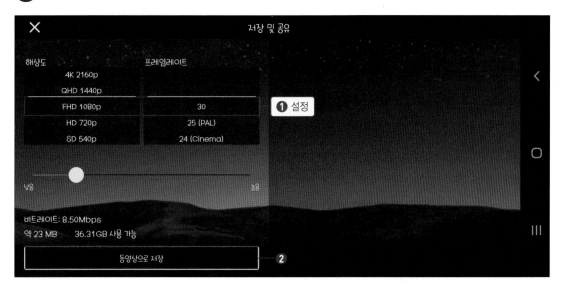

> **Tip** | 해상도와 프레임레이트의 숫자가 클수록 동영상의 화질이 좋아집니다. 하지만 그만큼 동영상 파일 크기도 커지므로 저장, 전송 시 용량을 많이 차지하거나 시간이 오래 걸릴 수 있습니다.

3 동영상이 저장되었습니다.

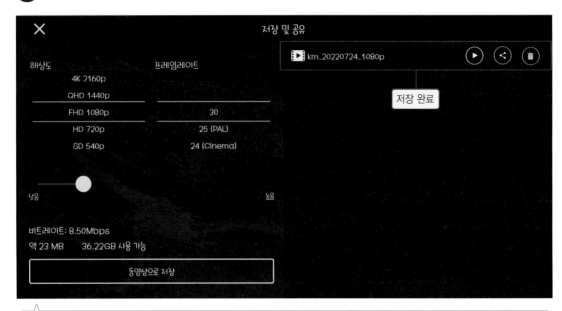

Tip | 스마트폰의 갤러리를 확인하면 편집된 동영상을 확인할 수 있습니다.

Q&A 동영상을 저장하는데 돈을 내야 하나요?

키네마스터 프리미엄 광고가 나타날 수 있어요. [닫기](X) 또는 [건너뛰기]를 터치하면 결제하지 않아도 동영상을 저장할 수 있어요.

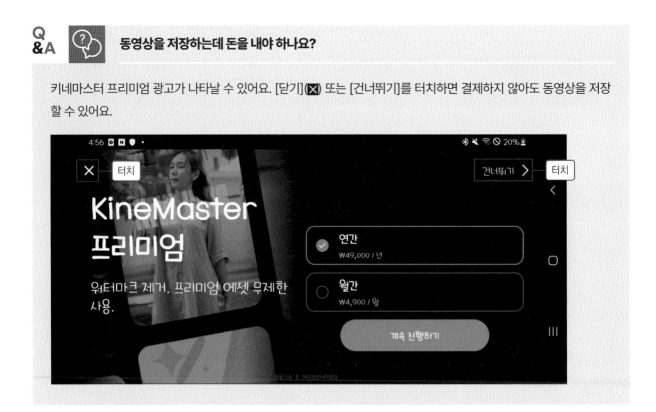

④ [공유](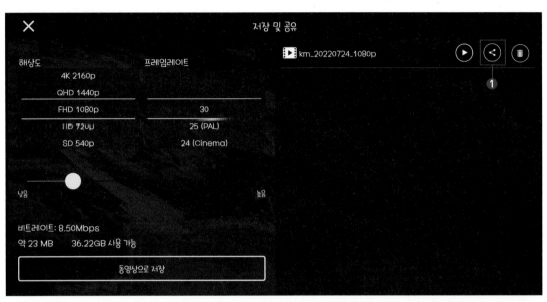)를 터치하여 카카오톡을 통해 다른 사람에게 편집한 동영상 파일을 바로 보낼 수 있습니다.

컴퓨터로 동영상을 편집할 때는 '곰믹스'

스마트폰 화면이 작아서 동영상을 편집하기 불편하다면 컴퓨터의 '곰믹스' 프로그램을 사용해서 편집할 수 있습니다.

✔ 곰믹스 프로그램 다운로드하기

곰랩 홈페이지(www.gomlab.com)에서 영상 편집 프로그램인 '곰믹스'를 다운로드해 봅시다.
'곰믹스'를 이용하면 무료로 간단하게 영상을 편집할 수 있습니다.

> **Tip** | '곰믹스'는 무료로 사용할 수 있는 프로그램입니다. '곰믹스'로 편집을 연습한 후에, 더 다양한 템플릿이나 특수 효과를 활용하고 싶다면 '곰믹스 프로'라는 유료 프로그램을 구입해도 좋습니다.

무작정 따라하기

1 웹 브라우저를 실행해 '곰믹스 다운로드'를 검색한 후 곰랩 공식 홈페이지를 클릭합니다.

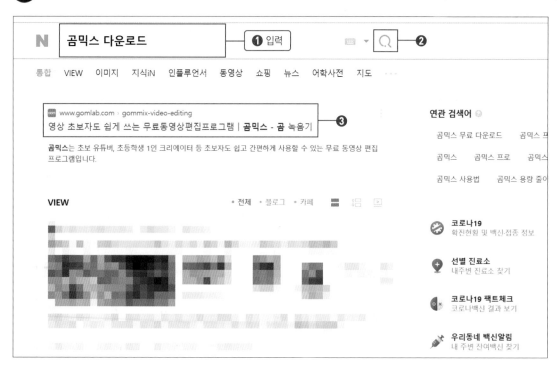

❷ 홈페이지 하단의 [다운로드]를 클릭하면 설치 파일을 다운로드할 수 있습니다. 화면 상단 다운로드 알림 표시줄의 [파일 열기]를 클릭합니다.

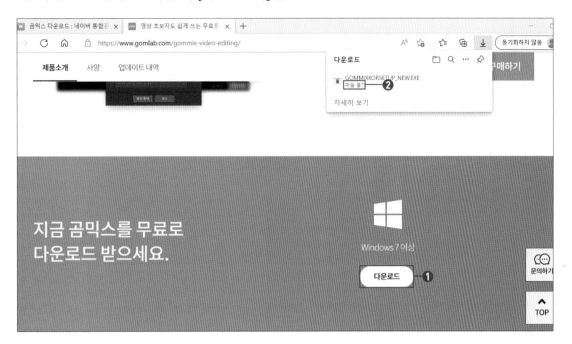

❸ 설치 창이 나타나며 설치가 시작됩니다. [다음]을 클릭하고 '곰믹스 소프트웨어 이용약관'의 [동의함]을 클릭합니다.

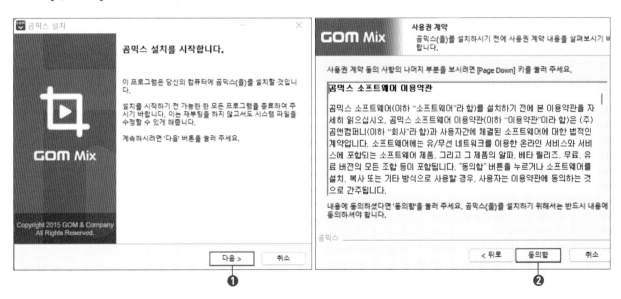

④ '구성 요소 선택' 단계에서는 기본 설정을 유지하고 [다음]을 클릭합니다. '설치 폴더'는
기본 설정을 유지하고 [다음]을 클릭합니다.

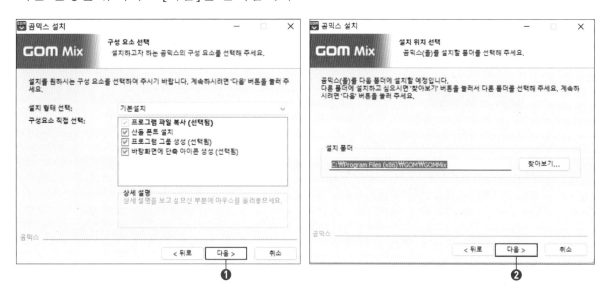

⑤ 설치가 진행된 후 [닫음]을 클릭하면 곰믹스 프로그램 설치가 완료됩니다.

Tip | 설치가 완료되면 바탕화면에서 '곰믹스' 실행 아이콘을 확인할 수 있습니다.

✔ 곰믹스 프로그램 화면 살펴보기

❶ 탑바 : '곰믹스'의 사용 환경을 설정하거나 프로젝트 이름을 확인할 수 있습니다.

> **Tip** | 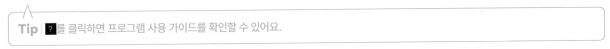를 클릭하면 프로그램 사용 가이드를 확인할 수 있어요.

❷ 미리보기: 현재 편집 중인 동영상을 확인할 수 있습니다. 미리보기 화면 아래에 위치한 [재생](■)을 클릭하면 동영상이 재생됩니다.

❸ 소스 및 효과: 동영상, 이미지, 오디오 등 편집에 필요한 파일을 불러오고 목록을 관리할 수 있습니다.

❹ 타임라인: 편집할 때 가장 많이 사용하는 부분입니다. 삭제, 자르기, 비디오 조정 등의 기능을 이용해 동영상 파일을 편집합니다. 다양한 효과를 추가할 수도 있습니다.

❺ 인코딩: 편집이 끝난 동영상을 파일로 만들어 저장할 수 있습니다.

곰믹스로 동영상 편집하고 완성하기

곰믹스를 활용해 동영상을 편집하는 방법을 알아봅시다. 동영상을 자르고 자막을 삽입하는 등 간단한 작업을 할 수 있습니다.

✔ 동영상 파일 추가하기

동영상을 편집하려면 가장 먼저 동영상 파일을 타임라인에 추가해야 합니다. 편집할 동영상 파일을 곰믹스 프로그램으로 불러와 봅시다.

무작정 따라하기

1 [파일 추가]를 클릭합니다.

② '열기' 창이 나타나면 편집할 동영상 파일을 선택하고 [열기]를 클릭합니다.

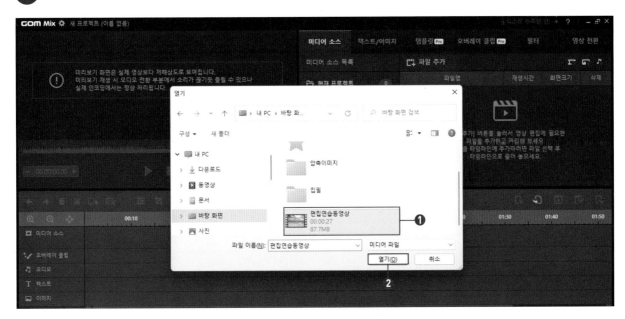

③ '소스 및 효과' 목록에 파일이 추가됩니다.

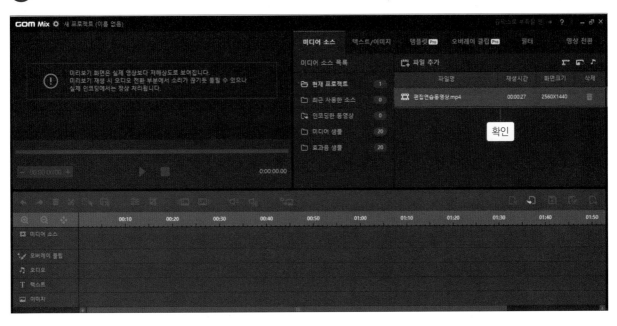

✔ 특정 부분 잘라내기

동영상에서 삭제하고 싶은 부분이 있나요? 동영상의 불필요한 부분을 삭제하는 방법을 알아 봅시다.

무작정 따라하기

❶ '소스 및 효과' 영역에 추가된 동영상을 '따닥' 더블 클릭하면 아래 타임라인의 '미디어 소스' 트랙에 추가됩니다.

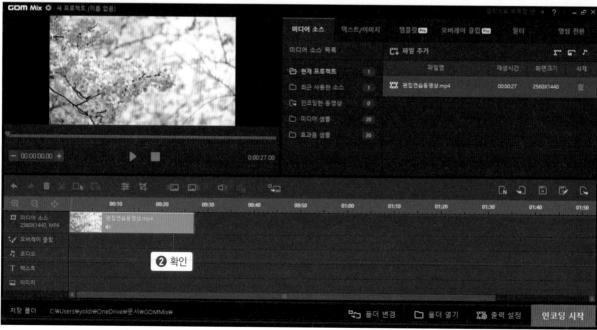

② 타임라인의 빨간 막대를 드래그해서 동영상을 잘라낼 지점으로 옮깁니다.

③ 타임라인 툴바에서 [자르기](✂)를 클릭하면 동영상이 빨간 막대를 기준으로 잘립니다. 동영상이 두 개로 구분된 것을 확인할 수 있습니다.

4 삭제할 영역을 선택한 후 [삭제](🗑)를 클릭하면 해당 영역이 삭제됩니다.

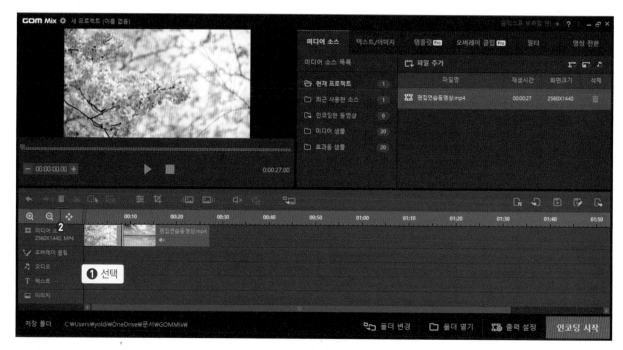

동영상 클립 영역이 너무 좁아서 원하는 영역을 딱! 지정하기 어려워요.

타임라인 툴바의 [확대], [축소]( )를 클릭하면 동영상 클립 영역이 확대되거나 축소됩니다. 정밀한 작업을 해야 한다면 [확대]를 클릭하고, 전체적인 클립의 배치를 확인해야 한다면 [축소]를 클릭해 보세요.

확대	축소

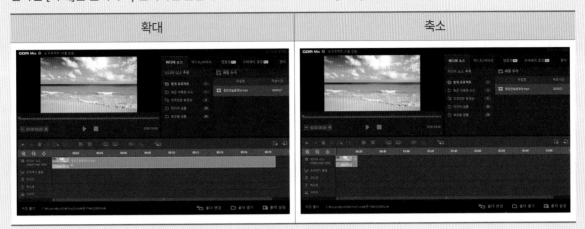

5

나만의 동영상 만들기!

175

✔ 자막 추가하기

동영상에 내가 원하는 자막을 삽입해 봅시다. '귀여운 멍멍이'라고 자막을 넣어 보겠습니다.

무작정 따라하기

1 타임라인의 빨간 막대를 드래그해서 자막을 추가할 지점으로 옮깁니다.

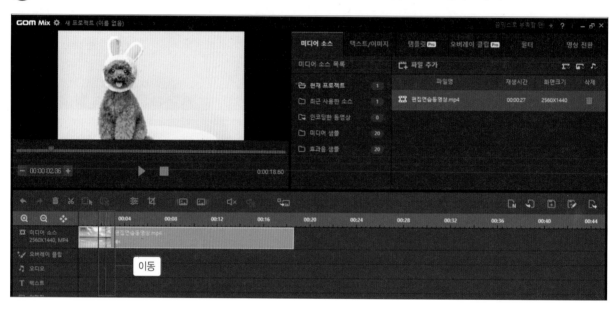

2 '소스 및 효과' 영역의 [텍스트/이미지] 탭으로 이동해 [텍스트 추가]를 클릭합니다.

3 자막으로 넣고 싶은 글자를 텍스트 입력 영역에 입력합니다.

4 자막의 글꼴, 크기, 스타일, 색, 위치를 변경할 수 있습니다. 설정을 마친 후 [적용]을 클릭합니다.

5 타임라인의 '텍스트' 트랙에 자막이 추가됩니다.

✔ 동영상 저장하기

편집한 동영상을 '인코딩'하여 동영상 파일로 저장해 봅시다.

무작정 따라하기

1 화면 아래쪽의 [인코딩 시작]을 클릭합니다.

2 인코딩 창이 나타나면 저장 경로를 '바탕화면', 파일 이름을 '강아지'로 변경하고 [인코딩 시작]을 클릭합니다.

2 바탕 화면에 '강아지.mp4' 파일이 생성되었습니다. 파일을 더블 클릭해 실행하면 편집이 완료된 동영상이 재생됩니다.

**미니
사전** **인코딩**

편집을 완료한 후 동영상을 파일로 저장하는 과정을 '인코딩'이라 합니다. 작업한 동영상을 완성하기 위해 반드시 거쳐야 하는 과정이랍니다.

같이 봐요!
채널에 동영상 올리기

 은지야 동영상 만들었는데 이걸 유튜브에 어떻게 넣으면 될까?

 유튜브에 업로드 하면 되지요~

 업로드? 업로드는 어떻게 하는 거야?

 아주 쉽게 설명하면 내가 만든 동영상을 유튜브 사이트로 보내는 거예요.
그래야 다른 사람들이 유튜브 사이트를 통해서 엄마 동영상을 볼 수 있거든요!

 아~ 그래? 그럼 이 동영상 유튜브 사이트에 보내 볼래!

 ▣ – [동영상 업로드] 버튼을 클릭하면 엄마가 만든 동영상을 선택해서 업로드 할 수 있어요!

 어… 그런데 세부정보? 검토? 뭐가 이렇게 복잡하니?

 동영상의 제목이나 내용을 직접 설정해야 해요! 차근차근 하나씩 알려드릴게요~
같이 해 봐요. ^^

오른쪽 큐알(QR)코드를 휴대폰으로 찍어 저자 강의 영상을 확인해보세요. ▶

유튜브 채널에 동영상 업로드하기

사람들이 내 동영상을 볼 수 있도록 하려면 유튜브 '내 채널'에 동영상을 업로드해야 합니다.

무작정 따라하기

 유튜브 첫 화면 오른쪽 위의 [만들기](➕) - [동영상 업로드] 버튼을 차례대로 클릭합니다.

미니 사전 업로드(Upload)

네트워크를 통해 파일이나 자료를 전송하는 것을 의미합니다. 일반적으로 개인 컴퓨터에 있는 파일(데이터)를 서버나 데이터베이스 등이 있는 큰 컴퓨터 시스템에 전송하는 작업을 일컫습니다.

2 '동영상 업로드' 창이 나타나면 [파일 선택]을 클릭합니다.

3 업로드할 동영상 파일을 선택한 후 [열기]를 클릭합니다.

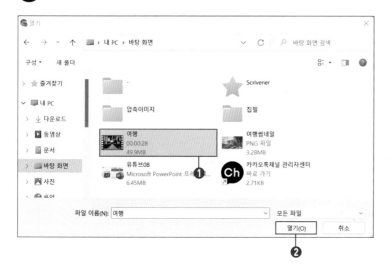

동영상 정보 입력하기

동영상만 올린다고 끝이 아닙니다! 동영상에 대한 정보를 입력하는 과정이 필요합니다.

동영상에 대한 정보를 입력해야 동영상 업로드를 완료할 수 있습니다. 아래의 단계를 차근 차근 따라해 보세요.

세부정보	동영상 요소	검토	공개 상태
제목, 설명, 섬네일, 재생목록 등록	동영상 화면에 자막, 최종화면, 카드 추가	저작권 등 문제 요소 확인	게시 시기, 공개 범위 설정

✔ 세부정보

동영상의 제목, 설명과 섬네일을 등록하는 필수 단계입니다. 원하는 재생목록에 동영상을 추가할 수도 있습니다.

1 제목과 설명

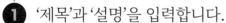

무작정 따라하기

필수!

1 '제목'과 '설명'을 입력합니다.

- **제목(필수 항목)**: 동영상 파일의 이름이 자동으로 입력됩니다. 삭제 후 변경할 수 있습니다.
- **내용**: 동영상에 대한 설명을 적어 주세요.

> **Tip** | '필수' 표시된 부분은 반드시 입력 또는 선택해야 다음 단계로 넘어갈 수 있어요.

2 섬네일

무작정 따라하기

필수!

1 [미리보기 이미지 업로드] 버튼을 클릭하여 '섬네일'을 업로드해 보겠습니다.

미니 사전 **섬네일**

유튜브에서 동영상을 재생하기 전에 보이는 작은 이미지를 '섬네일(Thumnail)'이라고 해요. 한 장의 이미지를 통해 시청자가 동영상의 내용을 파악할 수 있도록 제작합니다. 시청자의 흥미를 일으킬 수 있으면 좋겠죠?

2 새 창이 열리면 섬네일 이미지 파일을 선택한 후 [열기]를 클릭합니다.

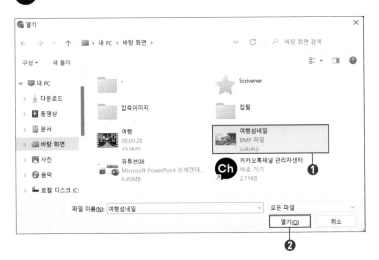

3 섬네일이 추가되었습니다.

섬네일 이미지 파일이 없어요.

섬네일을 별도로 만들지 않았다면 자동 생성된 세 장의 섬네일 중 하나를 선택할 수 있습니다.

이렇게 보여요 ▼

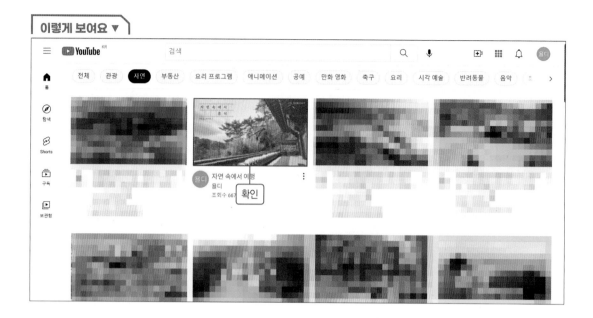

3 재생목록

무작정 따라하기

1 '재생목록'에 동영상을 추가하기 위해 [선택]을 클릭합니다.

2 재생목록을 선택한 후 [완료]를 클릭합니다.

Tip | [새 재생목록]을 클릭하면 새로운 재생목록을 바로 만들 수 있어요.

3 선택한 재생목록에 동영상이 추가되었습니다.

무작정 따라하기

필수!

1 동영상이 아동용인지, 아닌지 선택합니다.

어떤 동영상이 '아동용'인가요?

아동용	아동용 아님
• 주요 시청자층이 아동인 콘텐츠 • 아동이 주요 시청자층은 아니지만 아동 시청자층을 대상으로 하는 배우, 캐릭터, 활동, 게임, 노래, 스토리가 나오거나 그 밖의 아동용 주제를 다루는 콘텐츠 등	• 아동 시청자층에게 적합하지 않은 외설적이거나 음란한 내용, 폭력적 내용, 기타 성인용 주제를 포함하고 있는 콘텐츠 • 만 18세 미만 시청자에게 적합하지 않은 연령 제한 동영상 등

② 세부정보가 전부 입력되었습니다! [다음]을 클릭합니다.

✔ 동영상 요소

동영상에 '자막', '최종화면', '카드'를 추가할 수 있습니다.

> **Tip** | 필수 요소가 아니기 때문에 절차가 복잡하고 어렵게 느껴진다면 [다음]을 클릭하여 다음 단계로 넘어가도 됩니다.

① 자막

동영상 편집 과정에서 자막을 넣지 않아도 유튜브에 업로드할 때 동영상에 자막을 추가할 수 있습니다. 업로드할 때 자막을 직접 추가하는 방법과 유튜브의 시스템을 통해 자동으로 입력된 자막을 활용하는 방법이 있습니다.

1 '자막 추가'의 [추가]를 클릭합니다.

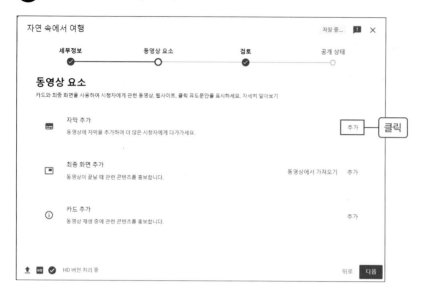

Q&A · [추가] 버튼을 클릭할 수 없어요.

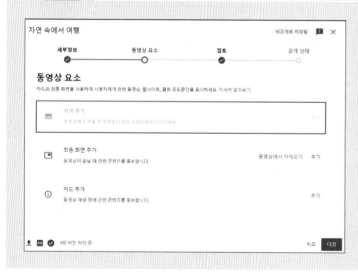

[추가] 버튼이 회색으로 보이고 비활성화되어 클릭할 수 없나요? 이런 경우 '세부정보' – [자세히 보기]에서 '동영상 언어'를 '한국어'로 선택해야 합니다.

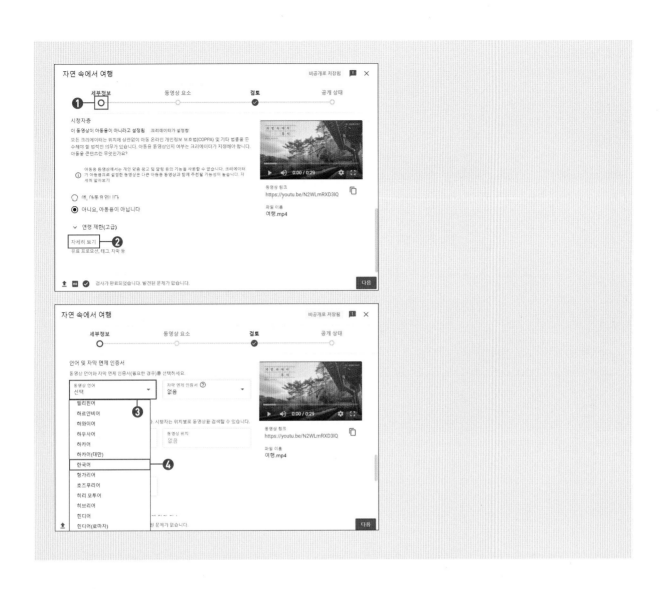

2 동영상에 음성이 포함되어 있다면 유튜브에서 음성 인식 기술을 사용해 자동으로 동영상의 자막을 만들어 줍니다.

Tip | 🔳 버튼을 클릭해야 자막을 볼 수 있어요!

Q&A **자동으로 자막이 만들어지지 않아요.**

자동 자막이 입력되기까지 시간이 필요해요. 동영상을 업로드할 때는 자동 자막이 바로 준비되지 않아 '다소 시간이 걸릴 수 있습니다.'라는 안내 문구가 나타날 수도 있어요.

동영상을 업로드한 후 시간이 지나면 자막이 자동으로 생성됩니다. 그 이후에 자막을 세부적으로 수정할 수 있습니다.

2 최종 화면

동영상에 마지막에 '동영상', '재생목록', '구독', '채널' 버튼을 추가할 수 있습니다.

> **Tip** | 최종 화면은 25초가 넘는 동영상에만 추가할 수 있어요.

무작정 따라하기

1 '최종 화면 추가'에서 [추가]를 클릭합니다.

2 원하는 요소를 클릭하면 동영상 마지막 부분에 추가됩니다. 내 채널의 다른 동영상이나 내 채널 [구독] 버튼을 표시할 수 있어요.

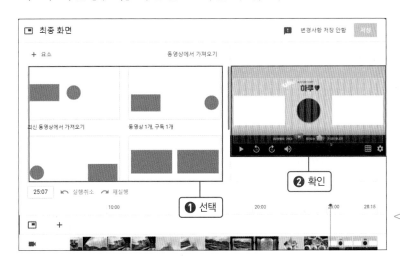

> **Tip** | [+요소]를 클릭하여 다른 요소를 추가할 수도 있어요.

3 각 요소를 드래그해 위치를 옮기고 [저장]을 클릭합니다.

3 카드

동영상이 재생되는 동안 '카드'를 통해 시청자에게 추가로 다른 동영상이나 채널에 대한 정
보를 제공할 수 있습니다. 내 채널에 업로드된 동영상을 추천하는 카드를 넣어봅시다.

무작정 따라하기

1 '카드 추가'의 [추가]를 클릭합니다.

2 카드가 나타날 시점을 지정합니다. [Space Bar]를 눌러 동영상을 재생한 후 카드가 나타날 시점이 되면 다시 한번 [Space Bar]를 눌러 동영상을 멈춥니다.

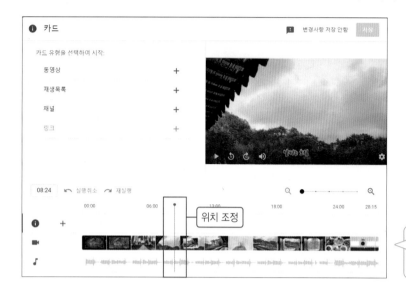

Tip | 타임라인을 마우스로 클릭해서 시점을 지정할 수도 있어요.

3 내 채널의 다른 동영상을 추천하기 위해 [동영상]을 클릭합니다.

④ 삽입할 동영상을 클릭합니다.

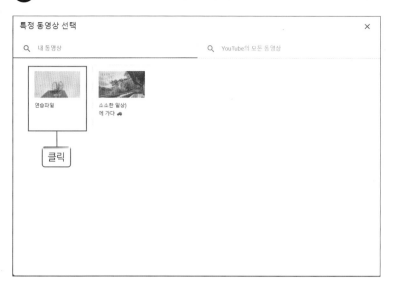

⑤ [티저 텍스트]에 동영상 오른쪽 위에 보일 카드의 내용를 입력합니다. 입력하지 않으면 해당 동영상의 제목이 나타납니다.

6 [저장]을 클릭합니다.

이렇게 보여요 ▼

7 동영상 요소를 모두 추가했다면 [다음]을 클릭합니다.

✔ 검토

동영상이 유튜브의 가이드라인을 위반할 시, 유튜브에서 동영상을 비공개 처리하기도 합니다. '검토' 과정에서는 동영상에 문제점이 있지는 않은지 미리 확인합니다.

이 단계에서 동영상의 '저작권'을 검토합니다. 문제가 발견되면 동영상에서 소유권 주장이 제기된 콘텐츠를 '삭제'하거나 소유권 주장에 '이의를 제기'할 수 있으니 주의하세요.
발견된 문제가 없다면 [다음]을 클릭합니다.

✔ 공개 상태

동영상을 바로 업로드할지, 예약 업로드할지 정하고 공개 범위를 설정합니다.

무작정 따라하기

① 동영상을 저장 또는 게시하는 경우 '비공개', '일부 공개', '공개' 중 하나를 선택할 수 있습니다.

- **비공개**: 유튜브 채널에 동영상을 업로드하지만 다른 사람들에게는 공개되지 않습니다.
- **일부 공개**: 링크를 가진 사람만 해당 동영상을 볼 수 있습니다.
- **공개**: 누구나 동영상을 볼 수 있습니다.

② 동영상을 바로 공개하지 않고 정해진 날짜, 시간에 예약하여 공개하고자 한다면 [예약]을 클릭합니다. 예약한 날짜와 시간에 동영상이 자동으로 공개됩니다.

③ 동영상을 공개할 날짜와 시간을 선택합니다. [게시] 또는 [예약]을 클릭하면 설정한 대로 동영상 업로드가 완료됩니다.

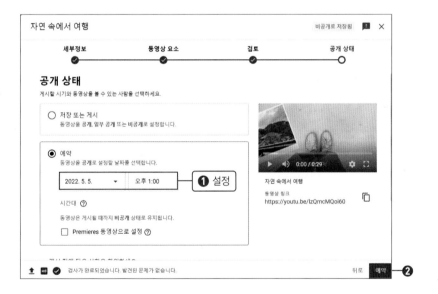

13 내 채널의 동영상, 댓글 관리하기 '유튜브 스튜디오'

채널
관리하기

유튜브 크리에이터들은 어떻게 동영상에 달린 수많은 댓글을 어떻게 전부 확인하고, '답글'을 달며 '좋아요'를 눌러주는 걸까요? 유튜브 스튜디오에서는 여러분이 유튜브에 올린 모든 동영상을 수정하고 댓글을 관리할 수도 있어요. 더 나아가 즐거운 유튜브 크리에이터 활동을 위한 악플에 대처하는 방법도 알아봅시다.

내 채널의 동영상, 댓글 관리하기 '유튜브 스튜디오'

 은지야, 엄마가 올린 동영상에 댓글이 달렸어!

 와~ 저도 보여 주세요! 그리고 얼른 답글도 달아주세요.

 알았어~ 잠깐만. 어떤 동영상에 댓글이 달렸더라…?

 댓글들을 모아서 한꺼번에 볼 수 있는 기능이 있어요!

 정말? 어디서 볼 수 있어?

 '유튜브 스튜디오'에서는 채널에 달린 댓글을 모두 확인할 수 있어요. 그래서 새로운 댓글 확인하려고 동영상을 일일이 다 열어볼 필요 없어요!

 아주 편리한 기능이네? 그리고 보기 불편한 댓글이 있는데…. 어떻게 하면 좋을까?

 그런 댓글은 너무 마음에 담아두지 마세요! 간단하게 바로 삭제할 수 있거든요. 그럼 오늘은 엄마의 유튜브 채널을 잘 관리할 수 있도록 '유튜브 스튜디오' 메뉴에 대해 자세히 알려드릴게요!

 응! 준비됐어!

오른쪽 큐알(QR)코드를 휴대폰으로 찍어 저자 강의 영상을 확인해보세요. ▶

'유튜브 스튜디오'란?

내 채널에 업로드한 유튜브 동영상을 한 번에 확인하고 관리하면 훨씬 편리하겠죠? 내 채널의 관리 페이지인 '유튜브 스튜디오' 메뉴를 확인해 보겠습니다.

'유튜브 스튜디오'에서는 내 채널에 업로드된 모든 동영상과 댓글을 확인하고 관리할 수 있습니다. 또한 조회 수, 재생 시간, 구독자 수 등 내 채널과 관련된 데이터 정보를 상세하게 파악할 수 있도록 도와줍니다.

'유튜브 스튜디오'에 접속하는 방법을 알아보고, 각각의 메뉴가 어떤 기능을 하는지 살펴봅시다.

▲ 내 채널을 관리할 수 있는 'YouTube 스튜디오' 페이지

1 화면 오른쪽 위의 [프로필]을 클릭하고 [유튜브 스튜디오]를 선택합니다.

2 '유튜브 스튜디오' 페이지로 이동했습니다.

업로드한 동영상 관리하기

유튜브 스튜디오에서 유튜브에 업로드한 동영상의 정보를 수정하고 삭제할 수 있습니다.

✔ 동영상 삭제하기

[유튜브 스튜디오]에서 [콘텐츠] 메뉴를 클릭하면 업로드한 모든 동영상을 확인할 수 있습니다. 업로드한 동영상을 삭제하는 방법을 알아봅시다

무작정 따라하기

❶ 삭제할 동영상의 제목, 설명 부분에 마우스 커서를 올리면 세부 메뉴들이 나타납니다.

② [옵션](⋮)을 클릭합니다.

③ [완전 삭제]를 클릭합니다.

❹ 새 창이 나타나면 동영상을 완전히 삭제할 것인지 다시 한번 확인합니다. 체크 박스를 선택하고 [완전 삭제]를 클릭하면 동영상이 삭제됩니다.

Tip | 삭제하기 전 [동영상 오프라인 저장]을 클릭하면 동영상 파일을 내 컴퓨터에 저장할 수 있어요.

✔ 댓글 관리하기

내 채널의 동영상에 달린 댓글들을 한꺼번에 확인하고 불쾌한 댓글은 삭제할 수 있습니다.

1 모든 댓글 확인하기

[유튜브 스튜디오]에서 [댓글] 메뉴를 클릭하면 각 동영상에 달린 댓글을 한꺼번에 확인할 수 있습니다.

2 답글 추가하기

내 동영상에 댓글을 남겨 준 사람들에게 답글을 달아 볼까요?

무작정 따라하기

1 답을 남기고 싶은 댓글 아래의 [답글]을 클릭합니다.

2 답글을 추가할 수 있는 칸이 나타나면 내용을 입력하고 [답글]을 클릭합니다.

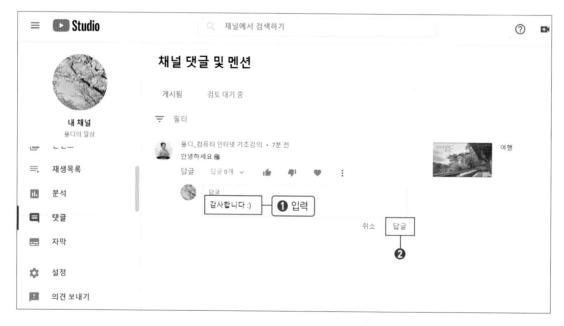

3 댓글 삭제하기

불필요한 댓글은 바로 삭제할 수 있습니다.

무작정 따라하기

① 삭제할 답글의 [작업 메뉴](⋮)를 클릭합니다.

Q&A ❓ 답글을 수정하고 싶어요.

수정할 답글 오른쪽의 [작업 메뉴](⋮) 버튼을 클릭하고 [수정]을 선택합니다. 내용을 변경한 후 [저장]을 클릭하면 바로 답글이 수정됩니다.

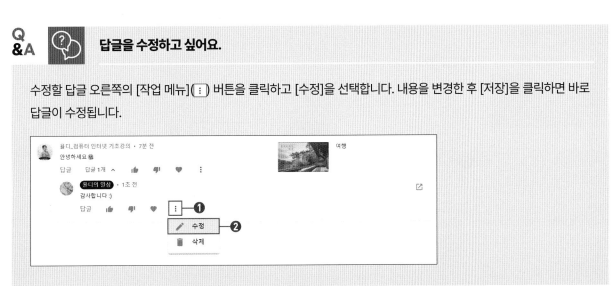

6

내 채널 관리하기

② [삭제]를 클릭하면 댓글이 바로 삭제됩니다.

Q&A 자꾸 악플이나 광고성 댓글을 쓰는 사람이 있어요.

악플이나 광고성 댓글을 계속해서 추가하는 사람이 있나요? 특정 시청자의 댓글이 내 채널에 표시되지 않도록 해 보겠습니다.

차단할 댓글의 [작업 메뉴](⋮) - [채널에서 사용자 숨기기]를 차례대로 클릭합니다. 이렇게 숨겨진 사용자는 이후에 댓글을 추가해도 나와 다른 시청자들에게 댓글이 보이지 않습니다. 불쾌감을 주는 댓글이 있다면 참지 말고 [채널에서 사용자 숨기기]를 클릭하세요.